Stefanie Winter

Die Porsche Methode

UEBERREUTER

Die Deutsche Bibliothek – CIP-Einheitsaufnahme

Winter, Stefanie
Die Porsche-Methode : Die 10 Erfolgsgeheimnisse des unkonventionellen Sportwagenchefs Wendelin Wiedeking / Stefanie Winter. –
Wien/Frankfurt : Wirtschaftsverlag Ueberreuter, 2000
ISBN 3-7064-0697-7

Unsere Web-Adressen:

http://www.ueberreuter.at
http://www.ueberreuter.de

S 0581   1 2 3 / 2002 2001 2000

Alle Rechte vorbehalten
Copyright © 2000 by Wirtschaftsverlag Carl Ueberreuter, Wien/Frankfurt
Konzeption und Realisation: Christine Proske (Ariadne Buchkonzeption, München)
Redaktion: Cornelia Rüping
Umschlag: INIT, Büro für Gestaltung
Unter Verwendung eines Bildes der Bildagentur ZEFA
Druck: Ueberreuter Print und Digimedi@, Korneuburg
Printed in Austria

Inhalt

Vorwort   9

Anfänge: Krisen und Erfolge   15

Kapitel 1: Zielbewusst handeln   37
Wendelin Wiedeking hat straight studiert, mit Auszeichnung promoviert und entsprechend geradlinig auch den Veränderungsprozess bei der Porsche AG in Gang gesetzt. Hierarchien werden abgebaut, ein Drittel der Arbeitsplätze ebenfalls und im mittleren Management müssen noch mehr Leute gehen. Wiedeking rationalisiert radikal. Und er ist überzeugt, dass er nur auf diese Weise erfolgreich sein wird. Das Ergebnis gibt ihm Recht.

Kapitel 2: Sich auf das Wesentliche konzentrieren   55
Der Fertigungsspezialist Wendelin Wiedeking lagert Arbeitsabläufe aus, Zulieferer von Teilen wachsen zu Lieferanten von Systemen, interne Arbeitsprozesse werden optimiert und die Produktion von Ladenhütern wird ganz eingestellt. Endlich schreitet die Entwicklung des Zugpferds 911 voran und ein Einsteigermodell, der Boxster, wird vorgestellt. Japanische Berater begleiten den Prozess vor Ort in Zuffenhausen.

Kapitel 3: Stillstand bedeutet Rückschritt   71
Es gibt endlich wieder ein erklärtes Ziel bei Porsche, an dem jede Handlung gemessen und ausgerichtet wird. Dabei ist der Weg das Ziel: Lean Management lebt vom kontinuierlichen Verbesserungsprozess, der niemals abgeschlossen sein wird. Auch sehr gute Ergebnisse, so die These, lassen sich noch verbessern. Teams werden aufgebaut, die Gruppe und ihre Mitglieder erhalten mehr Verantwortung.

Kapitel 4: Klartext reden   **85**
Der Vorstandsvorsitzende der Porsche AG kommuniziert alles, intern und in der Öffentlichkeit, nennt Probleme, erläutert Ursachen, entwickelt Lösungen und legt Zeitrahmen fest. Außerdem gilt er als streitbar: Er mischt sich in politische Debatten ein oder zettelt selbst welche an, geißelt darin die Subventionszahlungen an Branchenkollegen und macht sich damit nicht nur beliebt.

Kapitel 5: Globalisierung ist keine Falle   **99**
Wendelin Wiedeking hält es durchaus für möglich, sich von Deutschland aus dem weltweiten Wettbewerb zu stellen und erkennt positive Standortfaktoren, besonders im Bereich der Qualifikation und Qualität. Muss er auch, schließlich ist „Made in Germany" für Porsche ein Gewinn bringender Wettbewerbsfaktor – und soll es auch bleiben, obwohl ein Teil der Boxster-Produktion nach Finnland verlagert wird.

Kapitel 6: Sich selbst treu bleiben   **113**
Die Identität von Porsche trägt entscheidend zum Erfolg der Marke bei. Und sie ist eng verbunden mit der Unabhängigkeit des Unternehmens. Wiedeking liegt nichts am allgemein vorherrschenden Fusionswahn – im Gegenteil: Das Thema David gegen Goliath wird von Zuffenhausen aus bewusst und imagebildend kultiviert.

Kapitel 7: Image pflegen   **125**
Die Arbeit an einer positiven Auflendarstellung gehört bei Porsche mittlerweile zum Kerngeschäft. Das Unternehmen profitiert von der Glaubwürdigkeit, die dem Vorstandsvorsitzenden zugeschrieben wird. Die erfolgreiche Rationalisierung, die Konsequenz, die Querelen mit anderen Autoproduzenten – Wendelin Wiedeking punktet in jedem dieser Zusammenhänge und schreibt sämtliche Gewinne auf dem Imagekonto des Unternehmens gut.

Kapitel 8: Leidenschaft wecken   **151**
Wendelin Wiedeking stand von Anfang an für eine leidenschaftliche Haltung dem Unternehmen gegenüber. Zwar lässt er Glamour vermissen, verdrängt dafür aber sämtliche Querelen aus dem Rampenlicht. Die Begeisterung überträgt sich auf Mitarbeiter und Kunden. Emotionen gehören immer mehr zum Geschäft – obgleich die Marke neue Bereiche differenziert: Lifestyleprodukte, Kleidung und Sportgeräte, außerdem Finanzdienstleistung und Reiseangebote – Porsche wird zur Erlebniswelt.

Kapitel 9: Bodenhaftung nicht verlieren   **165**
Der Vorstandsvorsitzende behält immer und ganz bewusst den Kontakt zur Basis, sucht das direkte Gespräch und die vollständige Information. Das passt nicht allen im Unternehmen, den Mitarbeitern aber schon. Schließlich muss Wiedeking das jetzt schlanke Unternehmen tatsächlich führen und die Leute motivieren – pausenlos.

Kapitel 10: Alles ist Chefsache   **177**
Wendelin Wiedeking verlässt sich vor allem auf sich selbst und interessiert sich für alles, was er noch nicht weiß. Seine Aufgaben als Porsche-Chef sind nun einmal die eines Generalisten. Er kultiviert seine Unentbehrlichkeit – nicht als aalglatter Manager, eher wie die Patriarchen der Nachkriegszeit.

Blinker links: Wohin steuert Wendelin Wiedeking?   191

Wie man die Porsche-Methode erfolgreich anwendet   195

Literatur   199

Index   200

Vorwort

Die Management-Gurus sagen uns, in der heutigen Wirtschaftswelt sei das Lernen eine Voraussetzung für Erfolg im Wettbewerb. Manager müssen sich ständig neue Fähigkeiten und Methoden aneignen, um für die Auseinandersetzungen auf dem Markt gerüstet zu sein. Organisationen müssen sich in lernende Organisationen verwandeln, in denen das Lernen ein fester Bestandteil des Daseins und der Kultur der Organisation ist. All das ist zweifellos richtig, zumindest in der Theorie. In der Praxis hingegen gibt es wenige tatsächlich lernende Organisationen. „Der Erfolg auf dem Markt hängt zunehmend davon ab, dass man imstande ist zu lernen. Doch die meisten Menschen wissen nicht, wie man lernt. Hinzu kommt, dass jene Mitglieder der Organisation, die für die lernfähigsten gehalten werden, in Wirklichkeit nicht besonders gut darin sind"[1], meint Chris Argyris von der Harvard Business School.

Eines der Ziele dieser Buchreihe besteht darin, Manager beim Lernen zu unterstützen, ihnen Gelegenheit zu geben, sich etwas von den Besten abzuschauen. Dieses Vorhaben mag sehr ehrgeizig erscheinen; es kommt der Art, wie Menschen lernen, jedoch sehr entgegen: Die Orientierung an einem Modell, einem Vorbild ist besonders effektiv. Und sollte auch nach Ansicht Wendelin Wiedekings früh beginnen. „Als junger Mensch ist man gut beraten, sich Vorbilder zu suchen und von ihnen zu lernen", lautet die Überzeugung des Porsche-Chefs. Nicht nur als junger Mensch: „Auch als Manager hat man Vorbilder, denen man auf der operativen Ebene folgen kann."[2]

Doch zunächst einmal lernen Manager natürlich aus den Erfahrungen, die sie machen. Chris Argyris weist jedoch zutreffend darauf hin, dass nicht jede Erfahrung einen Lerneffekt mit sich bringt. Wie vielen Führungskräften sind Sie bereits begegnet, die zwar über sämtliche Erfahrungen der Welt verfügen, jedoch tatsächlich kaum über Einsichten in Zusammenhänge? Möglicherweise behaupten solche Manager, 30 Jahre Erfahrung zu haben, doch handelt es sich dabei oft nur um die Erfahrung eines Jahres, die 30-mal gemacht wurde. Erfahrungen bedeuten also nicht automatisch Lernfortschritte oder Erkenntnisgewinn. Nur weil jemand Jahrzehnte in einem Unternehmen verbracht hat, muss er noch lange nicht weise sein.

Führungskräfte lernen außerdem in Trainingsprogrammen. Die meisten hochrangigen Manager haben das eine oder andere Executive Programm einer Wirtschaftshochschule hinter sich gebracht. Die Fallstudien und die für die Business Schools typische Konzentration auf die Analyse ermöglichen es zweifellos, elementare Kenntnisse zu erlernen. Doch die Bandbreite dieser und deren praktischer Nutzen werden regelmäßig in Zweifel gezogen – nicht zuletzt von denen, die in den Managementkursen unterrichten. „Die Vorstellung, man könne intelligente, aber unerfahrene 25-jährige Manager, die noch nie irgendetwas oder irgendjemanden gemanagt haben, in einem zweijährigen MBA-Kurs in effektive Manager verwandeln, ist lächerlich"[3], meint der Strategieexperte Henry Mintzberg.

Auch Peter Drucker äußerte sich schon 1969 kritisch über das Ausbildungswesen im Bereich Wirtschaft. „Die vor knapp hundert Jahren in den Vereinigten Staaten gegründeten Wirtschaftsuniversitäten bilden lediglich gute Büroangestellte aus."[4] Drucker rechnet außerdem mit dem Niedergang der Business Schools, da diese unter einem verfrühten Erfolg litten. „Nun verbessern sie die Vergangenheit ein wenig. Das Schlimmste, was man tun kann, ist zu verbessern, was man überhaupt nie hätte tun sollen."

Denn während die Universitäten stets in der Theorie verhaftet bleiben, geht es in der Wirtschaft um das praktische Tun. „Ich halte nicht sehr viel von Diplomen", bekennt Soichiro

Honda, der Gründer des gleichnamigen Konzerns. „Sie eignen sich nicht, um die Arbeit zu machen. Meine Noten waren nicht so gut wie die Noten anderer, und ich machte die Abschlussprüfung nicht. Der Leiter der Schule rief mich zu sich und erklärte, ich müsse die Universität verlassen. Ich sagte ihm, dass ich kein Diplom wolle, weil es weniger wert sei als eine Eintrittskarte für das Kino. Eine Eintrittskarte garantierte dir zumindest, dass du hineinkamst. Ein Diplom garantierte für gar nichts."⁵

„Das Schlimmste, was man tun kann, ist zu verbessern, was man überhaupt nie hätte tun sollen."

Mit überraschendem Understatement erklärte der ehemalige Leiter von Chrysler, Lee Iacocca: „In einer formalen Ausbildung kannst du eine Menge lernen, doch viele der im Leben unverzichtbaren Fähigkeiten musst du allein entwickeln."
Sehr viel deutlicher wurde der verstorbene Leiter von Avis und Autor von „Up the Organization", Robert Townsend, bei diesem Thema: „Stellen Sie keine Absolventen der Harvard Business School ein", warnt Townsend. „Dieser Elite fehlen meiner Meinung nach einige grundlegende Voraussetzungen für den Erfolg: Demut, Respekt vor den Leuten auf der ausführenden Ebene, ein echtes Verständnis für das Wesen des Unternehmens und die Leute, die Freude daran haben, es erfolgreich zu machen, Respekt seitens der Untergebenen, nachweisliches Durchsetzungsvermögen, Fleiß, Loyalität den Untergebenen gegenüber, Urteilsvermögen, Fairness und Aufrichtigkeit unter Druck"⁶, lautet sein vernichtendes Urteil.
Es gibt eine Reihe von Menschen, die keinen Abschluss vorweisen können und dennoch außerordentlich erfolgreich sind. Zu den oft genannten Beispielen gehören der Microsoft-Gründer Bill Gates, Richard Branson von Virgin oder Anita Roddick von The Body Shop. „Einer meiner größten Vorteile bei der Gründung von The Body Shop bestand darin, dass ich

nie eine Wirtschaftsuniversität besucht hatte", sagt Roddick. Jim McCann, der Gründer von 1-800-Flowers.com, ist auch davon überzeugt, dass sein Unternehmen niemals entstanden wäre, hätte er eine entsprechende theoretische Ausbildung absolviert: „Ich hätte viel zu viel darüber nachgedacht, warum es nicht funktionieren könnte."[7]

Die dritte, sehr wirkungsvolle Möglichkeit besteht darin, dass ein Manager von seinen Kollegen lernt. Hochrangige Führungskräfte können wesentlich dazu beitragen, dass die jüngeren ihre Fähigkeiten entwickeln; der gegenwärtige Trend des Coachings und der Mentorenprogramme zeigt das sehr deutlich. Problematisch wird es allerdings, wenn der Vorgesetzte sehr ineffektiv arbeitet, lediglich die Zeit absitzt und kein Interesse daran zeigt, Talente für die Zukunft zu fördern. Wenn ein Vorgesetzter nicht über entsprechende Kompetenzen verfügt, wenn er durch die Ambitionen eines aufstrebenden jungen Managers – auch bezüglich der Sachkenntnis – überfordert ist, wird das Nachwuchstalent kaum etwas von ihm lernen können. Außerdem meinen manche Vorgesetzte, dass es ihnen an Zeit fehlt, ihre Vorbildfunktion auf- und auszubauen.

Häufig suchen Manager die Antworten auf ihre Fragen auch in einem der vielen Bestseller, die Unternehmensführer geschrieben haben. Millionen solcher Bücher werden von Führungskräften gekauft. Die Käufer wollen ergründen, was in den Köpfen erfolgreicher Unternehmenskapitäne vorgeht. Am liebsten würden sie die Gehirne dieser großen Männer sezieren. Doch sie werden häufig enttäuscht. Die meisten Bücher erfolgreicher Manager sind von deren alles beherrschendem Ego verzerrt und leben nur von rückblickender Analyse. Von Ghostwritern verfasst, vermitteln sie eine entsprechend geisterhafte Botschaft. Oft beschreiben diese Bücher eine Karriere, die wie durch eine rosarote Brille wahrgenommen scheint – statt eine objektive Analyse von Managementtechniken vorzunehmen. Als Lehrmaterial ist ihr

Wert daher beschränkt – was nicht heißen soll, dass sie keinen Unterhaltungswert besitzen.
Diese Reihe über die erfolgreichen Strategien großer Manager soll die vorhandene Lücke schließen. Sie setzt sich das Ziel, Führungsmethoden und Denkweisen einiger Größen der Wirtschaft möglichst objektiv zu beurteilen. Bei jedem Unternehmensführer, der in diese Reihe aufgenommen wurde – sei es Bill Gates, Rupert Murdoch, Richard Branson, Jack Welch, McKinsey oder Wendelin Wiedeking –, werfen wir einen genauen Blick darauf, wie er seine Aufgaben in Angriff nimmt. Was unterscheidet seinen Ansatz von dem anderer Manager? Wo liegen seine Stärken? Und vor allem: Welche Lehren können aus seinem Erfolg gezogen werden? Wie Sie sehen werden, haben die Methoden dieser Männer nichts mit Quantenphysik zu tun. Tatsächlich ist das Management eine eher einfache Angelegenheit. Theorie ist etwas für Menschen, die die nötige Zeit dafür aufbringen können.
„Ich kopiere keine Harvard-Vorlagen, sondern versuche Tag für Tag, über die Sachdiskussion das Team zu führen. Eine wichtige Hilfestellung dabei ist die Begeisterung, die alle bei mir spüren. Ich stehe hinter jeder Entscheidung, und das merken die Kollegen schnell"[8], fasst Wendelin Wiedeking seine Führungsmethode zusammen. Was genau dahintersteckt, erfahren Sie hier. Lernen Sie diese und andere Ideen kennen, machen Sie sich die besten davon zu Eigen. Im Management und in der Wirtschaft geht es letzten Endes immer nur darum, Ideen in die Tat umzusetzen.

Anmerkungen

1 Argyris, Chris: „Teaching smart people how to learn" in: *Harvard Business Review*, Mai/Juni 1991.

2 „Wer hier Produkte verkauft, soll auch Arbeitsplätze schaffen" in: *Die Welt*, 18. März 1996.

3 Mintzberg, Henry: „The new management mind-set" in: *Leader to Leader*, Frühjahr 1997.

4 Drucker, Peter: The Age of Discontinuity. London 1969.

5 Crainer, Stuart (Hrsg.): The ultimate Book of Business Quotations. Oxford 1997/New York 1998.

6 Townsend, Robert: Up the Organization. (vergriffen).

7 Bruce, Katherine: „How to succeed in business without an MBA" in: *Forbes*, 26. Januar 1998.

8 „Wer das Tempolimit fordert, macht das Geschäft der Japaner" in: *Die Welt*, 29. März 1993.

Anfänge: Krisen und Erfolge

Vertreibung aus dem Paradies

Irgendwann einmal und eine ganze Zeit lang muss es fast das Paradies gewesen sein, dort in Stuttgart Zuffenhausen: Ein Ort ist es gewesen, an dem Handwerker, Techniker und Ingenieure ein wundervolles Spielzeug entwickelten und bauten für andere große Jungs: einen Porsche – den Porsche. Kein Budget schränkte sie ein, keine Kontrolle behinderte sie. Die Produktion glich eher einem schwäbischen Handwerksbetrieb denn einem modernen Industrieunternehmen – teuer, langsam, umständlich. Koste es, was es wolle. „Wir schwammen im Geld", zitiert das *manager magazin* eine damalige Führungskraft. „Viele haben gemacht, was sie wollten." Das konnte nicht gut gehen, orakelte das Magazin.[1] Und: Es ging nicht gut.
Als Wendelin Wiedeking Ende 1992 Vorstandssprecher wurde bei der Dr. Ing. h. c. F. Porsche AG, da waren die paradiesischen Zustände längst vorbei. Der Teufel steckte nicht nur im Detail, sondern überall im Unternehmen. Wieder einmal galt es, den Chef-Posten neu zu besetzen. Das kam häufiger vor in dieser Zeit. Und erstklassige Kandidaten, so das *manager magazin,* machten schon seit einiger Zeit einen großen Bogen um die Zuffenhausener Sportwagenschmiede.[2] „Der letzte bedeutende Sportwagenhersteller der Welt, der noch nicht von einem Großen der Branche geschluckt wurde, kämpft ums Überleben"[3], meldete der *Spiegel*.
Andere schnelle Zwerge stellten zu diesem Zeitpunkt längst die Spielzeugabteilungen großer Unternehmen dar. Mit den

Die Dollarkrise 1987, die gern als Erklärung für die desolate Situation herangezogen wurde, hatte das Debakel der Porsche AG keineswegs bewirkt.

wohlklingenden Namen wie Jaguar, Ferrari, Lamborghini, Lotus, Alfa Romeo oder Aston Martin schmückten sich bereits Ford und Fiat, Chrysler und General Motors. „Droht Porsche nun das gleiche Schicksal?"[4] Volkswagen und Mercedes Benz, gab in diesem Zusammenhang nicht allein der *Spiegel* zum Besten, klopften vernehmlich an die Tore – oder hätten sogar schon einen Fuß in der Tür. Erstaunlicherweise schien die Frage nach der zukünftigen Unabhängigkeit in Krisenzeiten oft die einzige zu sein, die Fachjournalisten, Aktionäre und Analysten der Porsche AG stellten. Zumindest stand und steht sie immer weit im Vordergrund. So als hielte allein die Tatsache, unabhängig zu sein und zu bleiben, das Unternehmen zusammen.

Dabei wusste man es eigentlich besser. Hausgemacht sei die Krise, resümierte die Fachpresse unisono: durch eine überwiegend dem Zufall überlassene Modellpolitik, einen Typenwirrwarr aus zahlreichen Varianten, die kaum mehr als das Porsche-Emblem gemeinsam hatten, und durch widerstreitende Interessen in den Eigentümerfamilien Porsche und Piëch. Die schwierigen Zeiten spiegelten sich auch im Management und in einer immer stärkeren Fluktuation in der Vorstandsetage wider. Die Dollarkrise 1987, die gern als Erklärung für die desolate Situation herangezogen wurde, hatte das Debakel der Porsche AG keineswegs bewirkt, davon ist der Autor Fabian Müller überzeugt. „Sie legte nur ihre Schwächen bloß."[5]

Dass nun Wendelin Wiedeking genau der richtige Mann zur richtigen Zeit war, wurde erst viel später konstatiert. Zunächst trauten zwar Brancheninsider Wiedeking die notwendige Härte für den Richtungswechsel zu. Viele vermissten jedoch bei dem vergleichsweise jungen, eher etwas linkisch als charismatisch wirkenden Vorstandschef eine dem Unternehmen

Porsche angemessene, glanzvolle Ausstrahlung. Die meisten prophezeiten ihm in jedem Fall wenig Freude im neuen Job. Letztlich gelang es ihm aber in atemberaubend kurzer Zeit, aus dem Übernahmekandidaten ein mehr als wettbewerbsfähiges Unternehmen zu machen. Das *manager magazin* bescheinigte Porsche zu Beginn des Jahres 2000 in seiner regelmäßigen Image-Untersuchung das beste Image deutschlandweit.

Wiedeking hat das Unternehmen grundlegend umgekrempelt, mit den selbst heute noch (zumindest in dieser Konsequenz und Intensität) als revolutionär angesehenen Methoden des Change Managements und der Lean Production. Und weil dabei vieles, was in Zuffenhausen „immer schon" so gemacht wurde, auf der Strecke blieb, gilt dieser Prozess als verblüffend erfolgreich und Wiedeking zählt zu den Gewinnern. Vor allem die Werte, die den Mythos Porsche seit jeher konstituierten, hat Wiedeking dabei gerettet, abgestaubt und – was besonders wichtig ist – in modernisierter und ausgeklügelter Form in eine neue Zeit transferiert. Es sind nicht mehr dieselben Werte wie früher. Sondern andere, die ein differenzierteres Weltbild reflektieren. Dem Image der Porsche AG hat dies ausgesprochen gut getan.

Am Anfang war der Volkswagen

Als Ferdinand Porsche sich 1931 mit einem Konstruktionsbüro selbstständig macht, ist er bereits 56 Jahre alt. Zu Beginn zählt die Dr. h. c. F. Porsche GmbH gerade mal rund ein Dutzend Mitarbeiter. „Sein Name ist zwar längst international ein Begriff", berichtet Fabian Müller, „aber noch immer gibt es kein Auto unter dem Markennamen Porsche."

Und die Chancen, dass sich das bald ändern wird, stehen schlecht. 1932 sind sechs Millionen Menschen in Deutschland ohne Arbeit, Aufträge und Geld für anspruchsvolle Ent-

Das zentrale Element des Volkswagens: Der Gebrauchswert müsse unbedingt dem eines vollwertigen Fahrzeugs entsprechen.

wicklungsarbeiten liegen entsprechend selten auf der Straße. „Damit niemand merkt, dass man ganz am Anfang steht, erhalten die ersten Arbeiten die Produktionsnummern 7 und 8."[6]

Die Idee, einen wirklichen „Volkswagen" zu entwickeln, war zu diesem Zeitpunkt schon nicht mehr neu. Bereits Anfang der 1920er-Jahre hatte Porsche einen kleinen, einfachen Wagen geplant; eine sportliche Variante wurde sogar gebaut, jedoch nie als Straßenversion. Gleiches gilt für den Typ 32, entwickelt im Auftrag von NSU. Die Idee des „Volkswagens" hat den Firmengründer jedoch nie wieder losgelassen. 1934 legt er sein Konzept dem Reichsverband der Deutschen Automobilindustrie vor; der Entwurf trägt auch die Unterschrift von Porsches Justiziar Anton Piëch, Vater von Ferdinand Piëch, später Vorstandsvorsitzender von VW und Sohn von Porsches Tochter Luise. Das zentrale Element des Volkswagens: Der Gebrauchswert müsse unbedingt dem eines vollwertigen Fahrzeugs entsprechen. Das Gewicht sei zwar geringer, Abmessungen, Geschwindigkeit, Einsatzmöglichkeiten und Komfort dürften jedoch nicht reduziert werden – anders der Preis: Dessen obere Grenze sollte bei 1.550 Reichsmark liegen.

Auch damals schon orientierte sich Porsche an den derzeit modernsten Produktionsmethoden: 1937 reiste Ferdinand Porsche mit seinem Sohn Ferry in die USA; bereits ein Jahr zuvor hatte er in Detroit schon einmal die Fabrik von Henry Ford besichtigt, die als Ausgangspunkt und Inbegriff der Massenproduktion in der Automobilindustrie gilt. In Deutschland fehlte es jedoch an Rohstoffen und Maschinen. Und nach Ausbruch des Zweiten Weltkriegs wird das Volkswagenwerk zu einer der wichtigsten Waffenschmiede der Nazis – mit Porsche als Rüstungsmanager.[7]

Dass der Volkswagen in diesen Zeiten kein Renner für die Massen werden konnte, lag auch an der von Hitler „selbstherrlich und mit wenig Sachverstand"[8] festgelegten Preisgrenze von 990 Mark, meint Fabian Müller. Und es lag außerdem an der wirtschaftlichen Situation des Volkes. Die budgetierten Produktionskosten waren letztlich nicht ausschlaggebend. „Selbst wenn das gelungen wäre, hätten die Deutschen nicht das Geld gehabt, den Wagen zu betreiben."[9] Auch mit einem Volkswagen war das Autofahren für einen durchschnittlichen Arbeiter unerschwinglich.

Weit weniger als 1.000 Fahrzeuge verließen bis Kriegsende das eigens gegründete Volkswagenwerk – nicht für 990 Mark, sie kosteten knapp das Fünffache. Zehn Jahre später allerdings sind eine Million „Käfer" nicht nur produziert, sondern auch verkauft. Davon wurden allein 400.000 in andere Länder exportiert – obwohl der Gebrauchswert, genauer: der Komfort, schließlich doch zu wünschen übrig ließ. Wer je einen Käfer fuhr – und liebte – weiß zum Beispiel Klagelieder anzustimmen über die katastrophale Lüftung dieser Fahrzeuge und die deswegen eigentlich immer beschlagene Heckscheibe. So wurde schon mit dem Käfer das Autofahren zum Abenteuer.

Die Zusammenarbeit von VW und Porsche indessen hat bis heute Bestand; nicht zuletzt über die engen Banden mit der Familie Piëch, die zu den Porsche-Eigentümern gehört: In einem Joint Venture entsteht derzeit ein geländegängiger Sportwagen, der spätestens im Herbst 2002 auf den Markt kommen soll.

Was ist ein Porsche?

Der Porsche Typ 1 sieht dem Käfer noch durchaus ähnlich und ist tatsächlich ein Leichtgewicht: Nur 600 Kilogramm schwer und mit 35 PS bringt es der Wagen auf 135 Stundenkilometer. Knapp drei Jahre nach Kriegsende, zu einem Zeitpunkt also, als die überwiegende Zahl der deutschen Bevölkerung für einen Sportwagen eher wenig Verwendung hatte, wird der Porsche 356 (Typ 1) fertig gestellt – der erste, auf dem auch Porsche steht. Die inneren Werte: überwiegend Käfertechnik. Die äußeren: fast überirdische Eleganz ohne überflüssigen Schnickschnack.

Der erste echte Porsche also. Es sei das einzige Auto entstanden, das so fährt, wie es heißt, resümierte Jahrzehnte später Wolfgang Peters. „Und es begründete die Identität eines Unternehmens, das sich aus Baracken erhoben hat, das Leistung zum Lebensinhalt werden ließ und nach Überwindung mancher Krisen wieder auf den festen Beinen aus Können und Kraft steht." Außerdem: „Keiner mag sich vorstellen, die Familie hätte einen anderen, weniger nach dem Ansaug- und Auspuffgeräusch eines luftgekühlten Motors klingenden Namen getragen."[10]

So scheint es sich letztendlich doch glücklich gefügt zu haben, dass diese sportliche und elegante Variante – nach zahlreichen Entwürfen von und Entwicklungen durch Ferdinand Porsche – der erste Porsche war, der tatsächlich den Namen seines Entwicklers trug. Weil diese kostbare Eleganz, gepaart mit viel Power und dem Hang zum Understatement, die Marke bis heute und durch alle Krisen tragen konnte: Ein Porsche ist ein Sportwagen. Und darf seit jeher ein Luxusartikel sein. Unvernünftige Verkaufspreise beeinträchtigen die Kaufentscheidung erst ab einer gewissen Höhe.

Dem 356er folgten verschiedene Rennwagen und Rennerfolge; Mitte der 1960er-Jahre löst das Modell 911 den 356er ab. In existenziell bedrohlichen Zeiten wird der 911er das einzige Modell sein, das der Firma weiterhin Geld einbringt. Zahlreiche andere Modelle und Entwicklungen erweisen sich als Ladenhüter oder sogar als Geldvernichtungsmaschinen. „Die als Nachfolger des Kultautos Porsche 911 vorgesehenen Typen erwiesen sich – im Sinne echter Nachfolgerqualitäten – als Luschen." Porsche müsse daher immer noch und auf Jahre hinaus von dem 26 Jahre alten „Elfer" leben – „technisch längst obsolet, immer wieder mal aufgewertet und nun abgeschwirrt in die Preisregion über 100.000 Mark."[11]

Während der „reichlich barock gestylte"[12] Typ 928 vielen Porsche-Kunden zu groß und zu schwer erschien, wurde Typ 924 gern als „Sekretärinnen-Porsche" diffamiert. Und auch das Modell 944 (bis auf den Motor bei Audi im Lohnauftrag gefertigt) galt nicht als „echter" Porsche – schließlich waren beide Modelle zunächst für VW konstruiert worden. Erst als VW – geschockt durch die erste Ölkrise 1973/74 – um die Zukunft des Sportwagenbereichs bangte, kaufte Porsche die Reihe zurück.

Katastrophal wirkte sich letztlich auch das Fehlen gleicher Bauteile bei den verschiedenen Modellen aus. „Die drei Reihen 911, 928 und 924/944 haben heute allenfalls das Porsche-Emblem gemeinsam, die Motoren- und Antriebskonzepte sind völlig unterschiedlich. Vierzylinder, Sechszylinder, Achtzylinderaggregate, Motoren mit Luft- und Wasserkühlung, Heckmotoren, Motoren vorn mit Getriebe über der Hinterachse – bei Porsche ist alles vertreten, was zu hohen Produktionskosten führt"[13], schreibt die *WirtschaftsWoche* Mitte der 1980er-Jahre. Sonderserien – die als Marketinginstrument für Massenautos durchaus geeignet sind – sorgten bei den kleinen Porsche-Auflagen für zusätzliches Wirrwarr. Sie kamen den Kunden außerdem schon mal teurer als das Grundmodell, wenn sie es mit den gleichen Extras ausstatten ließen. Verschiedene Varianten wie Turbo, Cabrio, Targa und Speedster machten den „Modellsalat"[14] perfekt.

Während sich auf sämtlichen Märkten vergleichsweise preiswerte und den Porsche-Modellen optisch „oft ungeniert nachempfundene"[15] Sportwagen aus Japan immer schneller verbreiten, hat Porsche zu lange auf seinen Mythos gebaut und sich auf diesen Lorbeeren ausgeruht. „Jetzt rächt es sich, statt marktfähiger Modelle ein Auto wie den 959 entwickelt zu haben, der – als Imagebringer gedacht – gerade in einer Stückzahl von 200 Einheiten gebaut wird für eine Klientel, die für einen mit allen technischen Neuerungen voll gestopften Sportwagen 420.000 Mark hinblättern kann."[16] Der unglaublich hohe Preis beeinflusste das Image weit stärker als die neueste Technik. Dies sei das teuerste Werbegeschenk, das sich Porsche je geleistet habe, soll der damalige Entwicklungschef Bott bei der Vorstellung des Wagens gesagt haben. Auf der Suche nach „potenziellen neuen Brot-und-Butter-Autos" für die Porsche AG verwarf man die Überlegungen, ein Einsteigermodell zum Anfängerpreis zu entwickeln, regelmäßig (eine Idee, die später mit dem Boxster ein Riesenerfolg wurde): Ein billiger Porsche sei ein Widerspruch in sich, führte zuletzt Porsche-Chef Arno Bohn – Wiedekings Vorgänger – aus. „Das Porsche-Einsteigermodell ist ein Gebrauchter."[17] Obgleich das Attribut „billig" im Porsche-Umfeld eine eigene Wertigkeit hat – bis heute. Denn der „billige" Boxster kostete bei seiner Markteinführung mindestens 76.500 Mark; zu diesem Preis bekommt man bei anderen Herstellern manchmal schon fast zwei gute Fahrzeuge.

Bei der Neuorientierung in der Modellpolitik rückte Ende der 1980er-Jahre stattdessen jedoch die Absicht ins Zentrum, ein viertüriges Modell auf den Markt zu bringen. Diese Idee ist unternehmensintern durchaus umstritten; der damals gerade angetretene Entwicklungsvorstand Ulrich Bez ist jedoch ein glühender Verfechter des Vorhabens, dessen Umsetzung ihm in Form eines „Learjets auf der Straße"[18] vorschwebt. Bez, der laut *Spiegel* nicht an mangelndem Selbstvertrauen leidet und wohl „gern Erfinder des Rades gewesen wäre", sollen knapp fünf Jahre und weit mehr als eine Milliarde Mark zur Verfügung stehen, um zu erreichen, was Porsche am dringendsten braucht: „ein zukunftssicheres Hit-Auto, mit dem die Firma vom Holperpflaster drohenden Ruins sorgenfrei in das neue Jahrhundert karriolen kann."[19]

Für diese Superlimousine hätten sich allerdings weltweit gerade einmal 5.000 Käufer jährlich gefunden – höchstens.

Bez meint, dass dieser „Rettungswagen" vier Sitze, vier Türen, acht Zylinder und 300 PS haben könnte. Und setzt dabei auf ein Marktsegment, „in dem mächtige und keineswegs müde Konkurrenten vom Schlage BMW, Mercedes-Benz, Jaguar und Audi sich gegenseitig schon die Kunden abjagen."[20] Für diese Superlimousine hätten sich allerdings weltweit gerade einmal 5.000 Käufer jährlich gefunden – höchstens. Als diese späte Erkenntnis zur Streichung des Modells 989 führte, war bereits kostbare Entwicklungszeit verstrichen. „Der Preis des geplatzten Traums vom rasenden Familienvater: 150 Millionen Mark."[21] An anderer Stelle ist sogar von 250 Millionen Mark die Rede.[22]

Familienbande

Anfang der 1990er-Jahre mehrten sich die Stimmen, die den Eigentümerfamilien Porsche und Piëch die Schuld an der drohenden Katastrophe zuschreiben wollten. Es sind namenlose Stimmen. Der *Spiegel* zitiert „einen Porsche-Manager" mit der Äußerung: „Diese Eigentümer sorgen noch für unseren Ruin." Und „ein Mitarbeiter" der Deutschen Schutzvereinigung für Wertpapierbesitz warnt an selber Stelle: „Man muss Porsche vor den eigenen Inhabern schützen."[23] Diese Äußerungen werden auch an anderen Stellen von der Fachpresse zitiert. Sie eignen sich allerdings kaum als nummerischer Beweis dafür, wie weit diese Ansicht tatsächlich zu diesem Zeitpunkt verbreitet war.

Es liegt jedoch allemal nahe, dass die real existierenden Kritiker nicht namentlich genannt werden wollten. Und es trifft zu, dass diese Kritik trotz allem einer verbreiteten Auffassung entsprach; nicht allein die Inhalte der Zitate, auch die Einschätzungen der Fachpresse stimmten dabei weitgehend überein. „Porsche krankt an Symptomen, die für viele Familienfirmen typisch sind" – so lautete nicht von ungefähr die Diagnose des *manager magazins* bereits einige Jahre zuvor. „Es fehlt die klar formulierte, den Führungskräften eingeimpfte strategische Ausrichtung. Jedes Gerücht verselbstständigt sich zur Strategie. Mal wird Komfort propagiert, dann wieder reinrassige Sportlichkeit."[24]

Der Konflikt, der 1992 seinen Höhepunkt erreichte, war schon vor Jahrzehnten ausgelöst worden: Ferry Porsche, Sohn und Nachfolger des Firmengründers Ferdinand, suchte einen Nachfolger, diesmal für sich selbst, und erlebte „ein Debakel"[25]. Niemand aus der dritten Generation der Familien schien ihm Willens oder in der Lage, den Job zu übernehmen. Es hätte wohl auch einer von seinem Schlag sein müssen, besser noch: aus seinem Stall. Doch die vier Söhne strebten nach anderen Berufungen. Der älteste, Ferdinand Alexander, der für die Gestaltung des 911er verantwortlich zeichnet, rief eine eigene Designfirma ins Leben und begründete damit den Weltruhm von Porsche-Design auch jenseits der Straße.

Bei der Umstrukturierung des Unternehmens Porsche zu einer Aktiengesellschaft übernahmen Ferry Porsche und dessen Schwester Luise Piëch letztlich den Vorsitz im neu gegründeten Aufsichtsrat, eher widerstrebend von der dritten Generation akzeptiert. Diese Querelen hatten wohl einen wichtigen stabilisierenden Faktor beschädigt: „Die Atmosphäre schien gründlich gestört. Was Ferdinand Porsche und seinen Sohn Ferry immer hart am Erfolg bleiben ließ, war vor allem die Fähigkeit, das notwendige Wissen in ihrer Umgebung zu versammeln."[26] Viele Mitarbeiter widmeten einen großen Teil ihres Berufslebens der Firma, nicht wenige hielten ihr komplettes Erwerbsleben lang dem Unternehmen und damit immer auch „der Familie" die Treue. Der familiäre Umgang und Führungsstil hätte nun von Managern fortgeführt, gleichsam aber dem Stil einer Aktiengesellschaft angepasst werden müssen. Dass sich schon in der Vorbereitungsphase für den Börsengang kein eindeutiges, von allen getragenes Führungskonzept vermitteln ließ, hat der Firma sicher langfristig geschadet.

Gerade in Krisenzeiten, die wegweisende strategische Entscheidungen erfordert hätten, erwies sich diese Situation weiterhin als äußerst schwierig. „Der Sportwagenbauer, seit 1984 an der Börse notiert, wird von den herrischen Familienclans noch immer wie ein schwäbischer Kleinbetrieb gegängelt." Die elf Porsche-Erben unter der Führung der „greisen, aber energischen" Geschwister Ferry Porsche und Luise Piëch, lägen sehr viel häufiger über Kreuz, als dem Unternehmen gut tun könne. Und: „Nun drohen die beiden zerstrittenen Sippen (...) die Porsche AG vollends an die Wand zu fahren."[27] Angeblich wird in der Regel häufiger über die Anzahl der Desserts in der Firmenkantine oder den Augenschein von Türschnallen und Radioknöpfen debattiert als über Modellpolitik oder Managementstrategien. Dies wird zwar kaum eine besondere Spezialität der Porsche AG oder von Familienunternehmen sein. Problematisch ist dabei jedoch, dass anscheinend niemand die endgültige Entscheidungsbefugnis innehat oder wahrnimmt, um den Laden „zusammenzuhalten". Und sei es bloß zu dem Zweck, ein Klima zu erzeugen, in dem niemand es wagt, Gerüchte über interne Gespräche bezüglich Süßspeisen zu verbreiten.

Viel kritischer ist allerdings, dass selbst einstimmige Entscheidungen nicht unbedingt Bestand haben – wie zuletzt vor Wiedekings Rückkehr, diesmal in den Vorstand der Porsche AG. In einem früheren Konflikt zwischen Vorstandschef Arno Bohn und dem Porsche-Miteigentümer Ferdinand Piëch wird die Wankelmütigkeit der Familien zur Unzeit noch einmal sehr deutlich. 1992 wollte Bohn Ferdinand Piëch aus dem Aufsichtsrat drängen – weil Piëch mit Audi gleichzeitig ein Konkurrenzunternehmen führte. Und wohl auch, weil man sich generell nicht gerade grün war.

Als wichtigeres Argument galt aber, dass Porsches Entwicklungszentrum in Weissach, das Aufträge von Autoherstellern aus der ganzen Welt übernimmt, für die Gesundheit und das Image der Firma von großer Bedeutung und durch diese Kon-

stellation gefährdet sei. Das machte Eindruck auf die meisten Eigentümer. Die Familie stellte sich zunächst hinter Bohn, verlängerte dessen Vertrag um weitere drei Jahre und trennte sich dann doch – in gegenseitigem Einvernehmen und wegen unterschiedlicher Auffassungen über die Geschäftsführung – nur sieben Monate später von ihm. „Diese Entscheidung ist ein neuer Höhepunkt in einem miesen Stück."[28] Und sie setzte die Glaubwürdigkeit des Unternehmens ganz grundsätzlichen Zweifeln aus.
Wort gehalten haben die Eigentümer indessen bei den immer wiederkehrenden Beteuerungen, Porsche bleibe unabhängig, werde keinesfalls an in- oder gar ausländische Interessenten verkauft. Diese Entscheidung kann nicht immer leicht gefallen sein. Die Familienmitglieder hatten sich mit den Stammaktien das alleinige Stimmrecht gesichert, die Dividende aber sank in den mageren Jahren rapide. Und trotz des schwachen Börsenkurses, rechnete die *WirtschaftsWoche* vor, hätte noch 1992 ein Verkauf jedem Mitglied des Clans „annähernd 100 Millionen Mark in die Privatschatulle" gebracht.[29]

Dieser Fremde ist nicht von hier

„Ich mag Fremde, einige meiner besten Freunde sind Fremde. Aber dieser Fremde ist nicht von hier", erklärt der Druide Methusalix den Bewohnern eines kleinen gallischen Dorfes seine Skepsis gegenüber Zugereisten. Diese Überzeichnung von Ambivalenz ist überraschend übertragbar. Sie beschreibt ziemlich exakt die Eigenheiten tatsächlich existierender Clans und ihrer Unternehmungen. Auf die Situation bei der Porsche AG bezogen, bedeutet das: Ein Porsche-Vorstand muss irgendwie schon immer denken und fühlen wie die Eigentümer, deren Anliegen sowie Entscheidungen berücksichtigen und sich gleichzeitig davon unabhängig machen. Eine Gratwanderung? Eher die berühmte Quadratur des Kreises. Dies könnte

der Grund dafür sein, dass kaum einer der Vorstände es geschafft hat, die Laufzeit seines Vertrags auch tatsächlich zu erfüllen, sie seinen Verdiensten entsprechend zu verlängern – oder vor allem: eine langfristige, zukunftsfähige Strategie zu entwickeln und durchzusetzen, die Tradition und Mythos von Porsche ebenso gerecht wird wie den Umwälzungen in der Weltwirtschaft.
Ernst Fuhrmann zum Beispiel verließ Porsche Ende 1980, ein Jahr vor Ablauf seines Vertrags. Der „Vater" des dicken 928er konnte mit den Modellen keine dicken Gewinne einfahren. Peter W. Schutz indessen, von Januar 1981 an Vorstandsvorsitzender, wäre beinahe als erfolgreichster Chef eines Automobilkonzerns in der Nachkriegsgeschichte in die Annalen der Wirtschaft eingegangen – wäre es nicht zur Währungskrise gekommen. Unter der Führung des Deutschamerikaners nämlich hatten sich Umsatz, Absatz, Produktion und Mitarbeiter verdoppelt bis verdreifacht.[30] Schutz setzte auf den Ausbau der Porsche-Präsenz in den USA – ausschließlich. Denn dort könne man seine Erfolge offen zur Schau stellen. Die richtigen Voraussetzungen also: „Dollar hin, Dollar her – wir verkaufen unsere Autos, wo wir die Kunden finden."[31] Ein lukratives Vorhaben angesichts eines steigenden Dollarkurses, der bis Februar 1985 knapp 3,50 Mark erreichte. Wenig später und innerhalb von rund einem Jahr fiel die Währung jedoch auf kaum mehr als zwei Mark – womit der Tiefpunkt noch nicht erreicht sein sollte – und zog Porsche erst allmählich, später rasant mit in die Tiefe. Schutz verließ die Firma Ende 1987 vorzeitig.
Porsches langjähriger Finanzchef Heinz Branitzki wird Schutz' Nachfolger – kaum der Richtige für drastische Maßnahmen, die das Unternehmen nicht bloß retten, sondern auch sanieren könnten. Branitzki wird als Finanzexperte anerkannt, tritt mit Kraft auf die Kostenbremse und kann das Schlimmste abwenden. Modellpolitik oder Fertigungstechnik allerdings gehören nicht zu seinen Stärken. Und dass er sich zwölf Jah-

re lang, zuletzt neben Schutz, mit dem Stellvertreterposten zufrieden gegeben hatte, zeugt nicht gerade von Ehrgeiz und Durchsetzungsvermögen. Die Qualifikationen, die Ferry Porsche für den Posten vorschweben, scheinen jedoch generell kaum von nur einer Person abgedeckt werden zu können. Wie beim Schach, sagt er, gebe es im Unternehmen Figuren, die bestimmte Möglichkeiten eröffnen, aber auch Nachteile haben. Er suche „die Dame, die alles kann".[32] An anderer Stelle heißt es, dass Branitzki schon immer als Übergangskandidat gegolten habe und noch immer als ein solcher gilt. Da sich der Seniorchef öffentlich derart über die Firmenlenkung mokiert, verzichtet Branitzki demonstrativ auf eine Verlängerung seines Vertrags und geht im März 1990.

Branitzkis Nachfolger Arno Bohn ist mit damals 42 Jahren kaum älter als Wendelin Wiedeking es zu dem Zeitpunkt seines Einstiegs bei Porsche sein wird. Und Bohn trifft einige Grundsatzentscheidungen, setzt Entwicklungen in Gang, für die später ausschließlich Wiedeking gefeiert wird (der sie allerdings auch umgesetzt hat – was bekanntlich immer die größere Leistung ist, manchmal auch die einzige). „Der agiert geschickt, bindet die Eignerfamilie in alle Überlegungen ein, entwirft gute Marketing-Konzepte, führt straff", schreibt die Hamburger Tageszeitung *Die Welt* über Arno Bohn. „Allerdings, das ist sein Pech, muss er auch mit den Fehlern und den Versäumnissen der Vergangenheit leben."[33]

Dies ist allerdings immer das Schicksal eines Nachfolgers – wo auch immer. Allerdings half es Bohn nicht gerade bei seiner Arbeit, dass er zuvor als Marketingchef bei dem ehemaligen Familienunternehmen Nixdorf tätig und somit alles andere als ein Brancheninsider war; dies akzeptierten längst nicht alle Führungskräfte bei Porsche – das Vorstandskarussell drehte sich immer schneller. Und letztlich galt auch er nie wirklich als erste Wahl. „Erlkönig Bohn darf nun die Prinzenrolle spielen", unkte die *WirtschaftsWoche* bei seinem Antritt. „Der wahre Thronfolger als Nachkomme des 80-jährigen Familienoberhaupts steht noch immer aus."³⁴ Mitte 1992 präsentiert Bohn ein Sanierungskonzept, peilt mit Lean Engeneering und Lean Production eine Senkung der Fertigungskosten von 20 bis 30 Prozent binnen drei Jahren an. Wenige Monate später verlässt Bohn, dessen Vertrag noch bis Ende 1995 gelaufen wäre, die Sportwagenschmiede. Wie ernst dürfen Lieferanten und Kunden Unternehmenskonzepte aus diesem Hause noch nehmen, fragt sich zu diesem Zeitpunkt nicht nur das *Handelsblatt*. „Kaum sind die Risse ein wenig gekittet, kaum ist der Öffentlichkeit ein Sanierungsprogramm einigermaßen plausibel dargestellt worden, da muss der eben erst vom Aufsichtsrat einstimmig im Amt bestätigte Bohn gehen, und zwar ‚wegen unterschiedlicher Auffassung über die Geschäftspolitik'."³⁵

Wie ernst dürfen Lieferanten und Kunden Unternehmenskonzepte aus diesem Hause noch nehmen?

Die Revolution

Im ersten Jahrhundert seiner Existenz waren die Wachstumsmöglichkeiten für das Automobil (und somit auch der Automobilindustrie) über lange Jahre schlicht grenzenlos. Selbst in den hoch entwickelten Ländern stieg die Nachfrage kontinuierlich. Fast überall war ausreichend Raum für den Ausbau des Straßennetzes vorhanden und die Erdatmosphäre schien noch in der Lage, die stetig steigenden Emissionen der Fahrzeuge problemlos zu verkraften. Umweltschutzanforderungen und die Reaktionen darauf im Bereich der Technik waren in den 1970er- und 1980er-Jahren – verglichen mit den Herausforderungen der Zukunft – gering. Heute indessen ist der Markt so gut wie gesättigt, die Produzenten müssen den Kunden etwas Neues bieten, um ihren Absatz überhaupt noch steigern zu können.

Porsche ist wahrhaftig nicht der einzige und auch nicht der erste Autobauer gewesen, der mit wirtschaftlichen Schwierigkeiten zu kämpfen hatte. Bereits in der ersten Hälfte der 1980er-Jahre nahm das Massachusettes Institute of Technology (MIT) die Probleme der Weltautoindustrie unter die Lupe. Und stellte fest, dass dieser Industrie sehr wohl die Mittel zur Verfügung stehen, zumindest einen Teil ihrer Probleme zu lösen: Die technischen Möglichkeiten, um die dringlichsten durch Autos verursachten Umwelt- und Energieprobleme in den Griff zu bekommen, sind vorhanden. „Es gab noch Fragezeichen hinsichtlich der langfristigen Entwicklung, vor allem in Bezug auf den Treibhauseffekt", räumten die Wissenschaftler ein. „Aber wir glaubten, das Auto an sich könne sich anpassen."[36]

Weit weniger optimistisch war das MIT im Hinblick auf die Autoindustrie und die Weltwirtschaft: Da habe sich seit Henry Fords Massenproduktionssystem wenig geändert. Insbesondere fiel auf, dass sich die Massenproduktion erst Jahrzehnte nach ihrem amerikanischen Ursprung auch in Europa ausbreitete. Diese späte Entwicklung überrascht umso mehr, da nicht nur Ferdinand Porsche bereits vor dem Zweiten Weltkrieg das Ford-Werk besucht hatte.

Auch die Herren Citroën, Renault, Austin und Morris hatten sich die Produktionsstätte damals genauer angesehen. Doch als der Eigentümer von Toyota dann in den 1950er-Jahren daran ging, die Lean Production zu entwickeln, hatte sich die Massenproduktion in Europa gerade erst etabliert. „Und diese Techniken konnten schlichtweg nicht mehr konkurrieren mit einem neuen Denkschema, das von japanischen Unternehmen hervorgebracht worden war."[37] Noch Ende der 1980er-Jahre aber glich das europäische Produktionssystem dem System aus Detroit. Allerdings: „Mit geringerer Effizienz und Genauigkeit in der Fabrik."[38]

In der Folge führte das MIT eine weltweite Untersuchung zur Situation der Automobilindustrie durch und verglich Produktionsabläufe und Managementstrukturen in Europa und

Nordamerika mit denen japanischer Unternehmen (in Abgrenzung zur Massenproduktion als Lean Production bezeichnet). Diese Studie, das International Motor Vehicle Program (IMVP), ist die wohl umfassendste Untersuchung, die jemals in der Industrie durchgeführt wurde. Sie dauerte fünf Jahre und bezog sämtliche für die Herstellung von Autos zu berücksichtigenden Bereiche ein. „Viele Versuche, die Autoindustrie zu verstehen, sind fehlgeschlagen, weil man nie weiter als bis zur Fabrik gesehen hat."[39]

Am Ende stand die Überzeugung, dass sich die Grundsätze der schlanken Produktion in jeder Industriebranche der Welt gleichermaßen anwenden lassen. „Wir glauben, dass die fundamentalen Ideen der schlanken Produktion universal sind – überall von jedem anwendbar – und dass viele nicht japanische Unternehmen dies bereits begriffen haben."[40] Die potenzielle Tragweite dieser Entwicklung ließ die Wissenschaftler fast euphorisch prognostizieren: „Das wird wahrhaft die Welt verändern."[41]

Lean Production sei schlicht ein überlegener Weg, Güter herzustellen, bringe bessere Produkte in größerer Vielfalt zu niedrigeren Kosten hervor, zudem mache es die Arbeit für die Mitarbeiter jeder Ebene anspruchsvoller und befriedigender. „Daraus folgt, dass die ganze Welt die schlanke Produktion übernehmen sollte, und zwar so schnell wie möglich."[42] Ob sie sich tatsächlich im Sinne eines Standards ausbreiten würde, hänge davon ab, ob die Öffentlichkeit den Nutzen der schlanken Produktion verstehe – und ob Unternehmen und Regierungen „wohl überlegte" Maßnahmen ergriffen.

Seit der Veröffentlichung des Abschlussberichts 1990 und somit auch seit der umfangreich begründeten Äußerung des Universalitätsanspruchs von Lean Production ist ein Jahrzehnt vergangen. Es sind eine Reihe von Management-Büchern zu diesem und ähnlichen Themen erschienen, gekauft und vielleicht sogar gelesen worden. Hätte tatsächlich eine ausreichende Zahl von Menschen die Idee verstanden (und umgesetzt), dann würde Wendelin Wiedeking nicht als die Ausnahmeerscheinung in der Automobilbranche oder gar generell in der Industrie gehandelt, die er nun einmal ist. Augenscheinlich als einer von sehr wenigen hat Wiedeking die Grundsätze des Lean Managements nicht nur verstanden, sondern auch umgesetzt. Und was für den gelungenen Turnaround vermutlich noch bedeutsamer war: Er hat diese Ideen in jeder Konsequenz den Mitarbeitern des Unternehmens vermitteln können.

Letztlich entpuppte sich die existenzielle Krise, in der Porsche damals steckte, sogar als großer Vorteil. Das MIT hatte 1982 bereits beim Auto-Giganten (und Begründer der Massenproduktion) Ford beobachtet, dass in einer solchen Situation sämtliche Blockierungen durch eingefahrenes Denken und etablierte Interessen aufbrechen können. Eine solche Krise sei notwendig, um sich die Lektionen der schlanken Produktion zu Herzen zu nehmen, davon ist man beim MIT überzeugt. Schließlich verändert sich durch den Wechsel jeder Arbeitsplatz, der des Arbeiters bis zu dem des Manager; viele Stellen fallen vollständig weg. Es muss schon sehr triftige Gründe geben, um das alles auf sich zu nehmen. Leidensdruck trägt nun einmal dazu bei, dass vernünftige Argumente mehr gelten.

Letztlich hat das Change Management bei Porsche auch den Wertetransfer für das Produkt vereinfacht, ihn sogar in dieser „Vollendung" vielleicht sogar erst möglich gemacht: Aus dem Hersteller von eigentlich viel zu teuren, schnellen Autos für mutmaßliche Angeber ist eine Marke geworden, die für Individualität und Stärke steht – nicht für Gleichgültigkeit und Dekadenz. Das passt ganz ausgezeichnet in eine Zeit, in der moderne Technologien ein Wirtschaftswachstum auslösen wie einst die Erfindung des Automobils. Und in der Hedonismus als Grundwert der jüngeren Generation akzeptiert ist. Eine Erbengeneration kann sich das schließlich leisten. Hier also könnte der gesättigte Markt doch noch einmal richtigen Appetit entwickeln.

Der Neue

„Who the hell is Mick Jagger?", soll Keith Richard (beide Mitglieder der Rockgruppe „Rolling Stones") einmal einen Journalisten gefragt haben. Was hier als Scherz gelang, ist für Dr. Wendelin Wiedeking Ernst, als er 1991 im Alter von 39 Jahren in den Vorstand der Porsche AG eintritt. Er ist – zumindest für die Öffentlichkeit – ein Unbekannter. Im Unternehmen selbst kennt man den vergleichsweise jungen Ingenieur jedoch schon lange.

Wiedeking hat an der RWTH Aachen Maschinenbau mit der Fachrichtung Fertigungstechnik studiert. Direkt nach seiner Promotion (mit Auszeichnung) 1983 kommt er als Referent des Vorstands Produktion und Materialwirtschaft zu Porsche und macht sich als Projektleiter für das neue Lackierwerk und das Karosseriewerk bereits beliebt. Im Herbst 1988 wechselt er zur Glyco Metallwerke KG, einem Familienunternehmen und Autozulieferer. Dort steigt Wiedeking binnen eines Jahres in die Geschäftsleitung auf und übernimmt im darauf folgenden Jahr den Vorsitz des Vorstands.

Trotz dieser „Turbo-Karriere"[43] bei Glyco ist Wiedeking zwölf Monate später wieder für die Porsche AG zu haben. Dort wird er zunächst Vorstand für Produktion und Materialwirtschaft. Als Arno Bohn dann aus dem Unternehmen ausscheidet, bekommt Wiedeking dessen Posten – allerdings zunächst als Vorstandssprecher, einer nicht gerade branchenüblichen Position.

Man wolle durch diese Konstruktion den Teamcharakter im Unternehmen stärker zum Ausdruck bringen, hieß es gelegentlich zur Begründung. Ein großes deutsches Nachrichtenmagazin allerdings mutmaßte, dass dies Ausdruck dafür sei, „dass die Familien-Eigentümer keinen starken Firmenführer mehr wollen"[44]. Ein knappes Jahr später wurde dann aus dem Sprecher der Chef – auch offiziell, faktisch war er es sowieso schon.

Anfänge: Krisen und Erfolg

Wiedekings Führungsstil gilt bis heute als konsequent bis zur Unbarmherzigkeit.

Wiedekings Führungsstil gilt bis heute als konsequent bis zur Unbarmherzigkeit. Und einige Beobachter in den Medien suchen die Gründe dafür bereits in der Jugendzeit Wiedekings. „Anders als viele seiner Kollegen Topmanager, die unter der Last des Jobs zu verknöchern drohen, musste sich Wiedeking das Chefsein nicht mühsam antrainieren. Er ist von Natur aus der Boss. Er war es schon damals zuhause [sic!] im westfälischen Ahlen."[45] Schon in seiner Jugend – Wiedeking ist der älteste von vier Brüdern und 15 Jahre alt, als der Vater stirbt –, habe er „als Co-Manager der Familie die Mutter unterstützt". Und: „Wird vor der Zeit erwachsen."[46] Der 1952 geborene Wiedeking verzichtet auf den zeitgemäßen Hippiekram, Drogen- und andere Trips. Stattdessen studiert er straight und gründet bereits während des Studiums eigene Firmen. Er kann sich eine Eigentumswohnung leisten und einen Mercedes – einen neuen! Und er hatte schon als Kind begonnen, Modellautos zu sammeln. Heute sollen es weit mehr als 1.000 Stück.

Anmerkungen

1 „Das große Rennen gegen die Zeit" in: *manager magazin* 8/1988.

2 „Bloß dritte Wahl" in: *manager magazin* 8/1991.

3 „Die Lage ist beängstigend" in: *Der Spiegel* 38/1991.

4 Ebd.

5 Müller, Fabian: Ferdinand Porsche. Berlin 1999, S. 133.

6 Ebd., S. 33f.

7 Ebd., S. 81.

8 Ebd.

9   Ebd., S. 49f.
10 „Das einzige Auto, das so fährt, wie es heißt" in: *Frankfurter Allgemeine Zeitung,* 2. Juni 1998.
11 „Fühlen wie Ferry" in: *Der Spiegel* 31/1989.
12 „Im Netz der Probleme" in: *WirtschaftsWoche* 50/1987.
13 Ebd.
14 „Das große Rennen gegen die Zeit", a.a.O.
15 „Im Netz der Probleme", a.a.O.
16 Ebd.
17 „Ende der Legende" in: *WirtschaftsWoche* 10/1992.
18 „Fühlen wie Ferry", a.a.O.
19 Ebd.
20 „Schmerzhafte Neuorientierung beim Sportwagenhersteller Porsche" in: *Frankfurter Allgemeine Zeitung,* 16. August 1991.
21 „Ende der Legende", a.a.O.
22 Müller, Fabian, a.a.O., S. 134.
23 „Es reicht" in: *Der Spiegel* 40/1992.
24 „Das große Rennen gegen die Zeit", a.a.O.
25 Müller, Fabian, a.a.O., S. 123.
26 Ebd., S. 126.
27 „Ende der Legende", a.a.O.
28 „Es reicht", a.a.O.
29 „Ende der Legende", a.a.O.
30 „Im Netz der Probleme", a.a.O.
31 Ebd.
32 „Nichts tabu" in: *Der Spiegel* 1/1988.
33 „Ein deutsches Sportidol soll wieder auf Touren kommen" in: *Die Welt,* 16. Juli 1991.
34 „Der Erlkönig als Prinz" in: *WirtschaftsWoche* 51/1989.

35 „Selbstgemachte Krise" in: *Handelsblatt,* 25. September 1992.
36 Womack, James P./Jones, Daniel T./Roos, Daniel: Die zweite Revolution in der Autoindustrie. Frankfurt a. M./New York 1994, S. 9.
37 Ebd., S. 51.
38 Ebd.
39 Ebd., S. 11.
40 Ebd., S. 15.
41 Ebd.
42 Ebd., S. 236.
43 „Porsche ist nicht mehr Porsche, wenn uns ein Großer übernimmt" in: *brand eins* 2/2000.
44 „Es reicht", a.a.O.
45 „Immer linke Spur" in: Stern 14/2000.
46 Ebd.

1
Zielbewusst handeln

„Umstände sollten niemals Grundsätze verändern."

Oscar Wilde

Hausaufgaben machen

Peter W. Schutz, einer von Wiedekings Vorgängern, meinte seinerzeit, die langfristig gültigen Vorzüge des Unternehmens klar ausgemacht zu haben: Porsche sei in der Lage, Technologien für andere zu entwickeln und zu verkaufen. Und verfüge auch über einen weitgehend eigenständigen Verkaufsapparat. Dies seien Garanten für die zukünftige Unabhängigkeit der Porsche AG, versicherte Schutz der *WirtschaftsWoche*, Dollarkrise hin oder her.[1] Er hat insofern Recht behalten, als beide Faktoren noch heute eine elementare Rolle spielen. Aufgrund der Abhängigkeit von den US-Exporten, die auf Schutz' Konto ging, hätten sie allerdings beinahe gar keine Rolle mehr gespielt.
Ob das Unternehmen tatsächlich unabhängig bleibe, so Vorstandschef Schutz fatalistisch, liege jedoch allein im Ermessen der Anteilseigner, hänge also von Dingen ab, die sich seinem Zugriff entzögen. Und wie um die unbeabsichtige Bankrotterklärung perfekt zu machen, antwortete Schutz auf die Frage, ob Porsche seine Abhängigkeit vom US-Markt jetzt nicht verringern müsse und wo Porsche denn stattdessen wachsen könne: „Das weiß ich nicht."[2]
Wiedeking hat eine dezidierte Meinung zu einer Vielzahl von Themen, auch zu solchen, die mit Porsche teilweise nur indirekt verbunden sind. „Keine Ahnung", wäre dabei wohl das

Wiedeking hat eine dezidierte Meinung zu einer Vielzahl von Themen, auch zu solchen, die mit Porsche teilweise nur indirekt verbunden sind.

Letzte, was ein Wirtschaftsjournalist vom ihm zu hören (oder authorisiert) bekäme, erst recht dann, wenn es um Fragen der strategischen Ausrichtung bei Porsche geht. Wiedeking weiß, wo es lang gehen soll. Dass das Management seine Hausaufgaben machen und endlich eine langfristige Strategie entwickeln möge, hatten die Eigentümer schließlich schon seit Jahren mehrfach reklamiert.

Wiedeking ist dazu bereit und in der Lage, obgleich auch er bei seinem Start als Vorstandssprecher 1992 die Ursachen der Krise überwiegend im Markt selbst und in einer verschlechterten Wechselkurssituation sieht. „Richtig ist aber auch, dass wir in der Vergangenheit ein paar Hausaufgaben nicht erledigt haben. Wir haben uns wohl ein wenig zu lange auf unseren Lorbeeren ausgeruht"[3], räumt er ein. Etwas drastischer soll es hingegen ein Aktionär auf der Hauptversammlung im März 1993 ausgedrückt haben: „Dummheit, Unfähigkeit und Hochmütigkeit sind mit Liquidität kaschiert worden."[4]

Das, was später abwechselnd als Radikalkur, Sanierungskonzept, Umbau oder Turnaround bezeichnet werden wird, fasst Wiedeking sehr unaufgeregt folgendermaßen zusammen: „Wir strukturieren das Unternehmen um, optimieren die Abläufe und werden effizienter."[5] Darunter sind 700 „eingesparte" Arbeitsplätze im abgelaufenen Geschäftsjahr, der Abbau von 1.850 Arbeitsplätzen im laufenden Jahr, der ersatzlose Verzicht auf zwei von sechs Managementebenen, die Ausweitung des Profitcenter-Modells sowie eine Senkung der Kosten um ein Drittel innerhalb von drei Jahren zu verstehen. Und bereits im Herbst 1992 lag die Fertigungstiefe bei dem Autohersteller bei nur noch 20 Prozent.

„Natürlich könnte ich mir schönere Dinge vorstellen, als in einer Betriebsversammlung zu sagen, 1.850 Mitarbeiter müssen das Unternehmen verlassen – und diese Ankündigung dann auch noch umsetzen"[6], räumt Wiedeking ein. Die Unterstellung der liberalen Wochenzeitung *Die Zeit* (41/92), Wiedeking habe gleich vier Tage nach seiner Berufung auf den Chefsessel diese Hiobsbotschaft verkündet, um die Verantwortlichkeit seinem Vorgänger anlasten zu können, trifft dennoch nicht zu. Wiedeking scheut sich nicht, die Verantwortung für drastische Entscheidungen zu übernehmen – er muss lediglich wissen, dass der Entschluss richtig ist.

Überzeugungstäter

„Wir müssen erkennen, dass es inzwischen unabweisbare Notwendigkeiten zur Veränderung gibt", sagt Wiedeking. „Vernünftig diskutiert werden sie auch von der Bevölkerung akzeptiert, selbst wenn sie schmerzhaft sind. Die Politik muss sie nur initiieren. Da muss im Zweifel auch das Wohl des Einzelnen zurückgestellt werden."[7] Wie wir später noch genauer sehen werden, nimmt der Porsche-Chef regelmäßig und vernehmlich an politischen Diskussionen teil. Und wo keine Debatte stattfindet, löst er ganz gern selbst mal eine aus – die um staatliche Subventionen für Automobilkonzerne zum Beispiel. Dabei scheint er, wie auch bei dem oben zitierten Statement, eigentlich immer aus Erfahrung zu sprechen und seine Argumente aus seinen Erfahrungen bei Porsche abzuleiten: das Erkennen von Notwendigkeiten, das Kommunizieren und das Fällen von Entscheidungen, das konsequente Umsetzen von Beschlüssen, die den Einzelnen möglicherweise hart ankommen – in sehr verkürzter Form ist Wiedekings Strategie für Porsches Turnaround damit beschrieben.

„*Wir müssen erkennen, dass es inzwischen unabweisbare Notwendigkeiten zur Veränderung gibt.*"

Wichtig erscheint in diesem Zusammenhang, dass zwar schon vorher bei Porsche gelegentlich von Lean Management die Rede war und Veränderungen angekündigt wurden, etwa dass Arbeitsplätze eingespart werden sollten. Doch schien niemand ein Gesamtkonzept zu entwickeln, das wirklich radikal genug gewesen wäre. Und niemand schien konsequent genug zu sein, den Prozess nicht nur einzuleiten, sondern auch voranzutreiben. Es leuchtet schließlich ein, dass kleine Experimente, geringfügige Veränderungen oder Notlösungen auf Basis des bestehenden Systems sich lediglich dafür geeignet hätten, das Prinzip Hoffnung am Leben zu erhalten (tödlich ausgewirkt hätte sich das mit großer Wahrscheinlichkeit dann trotzdem).

Eine überlebensfähige Neugestaltung hingegen ist über ein solches Hoffnungsprinzip nicht herzustellen. Für die Autoren Michael Hammer und James Champy muss daher am Anfang eines Umstrukturierungsprozesses die Frage stehen: Wenn ich dieses Unternehmen heute mit meinem jetzigen Wissen und beim gegenwärtigen Stand der Technik neu gründen müsste, wie würde es dann aussehen?[8]

Hammer und Champy haben mit ihren Arbeiten eine der vielen neuen Management-Theorien, das „Business Reengineering", entscheidend geprägt. Wie das Lean Management, das Change Management oder das Total Quality Management mag es für manchen Leser nicht viel mehr sein als eine Modeerscheinung. Doch gerade die Porsche AG ist ein lebendiges Beispiel dafür, dass sich gute Theorien Gewinn bringend in die Praxis umsetzen lassen. Und die Forderungen von Hammer und Champy klingen nicht weltfremd, sondern lediglich anstrengend:

◆ *Fundamental analysieren: Wieso machen wir diese Dinge und warum auf diese Weise? So können ungeschriebene*

Regeln und Normen identifiziert und auf ihre Tauglichkeit überprüft werden.

- *Radikal handeln: Wer die Oberfläche verändert, verändert nichts. Es gilt, die Wurzeln in der Vergangenheit zu kappen, einen Strich zu ziehen und ohne Rücksicht auf Bestehendes neue Strukturen zu entwickeln.*

- *Quantensprung-Verbesserungen erreichen: Reengineering eignet sich für Unternehmen, die eine „Hundert-Prozent-Lösung" anstreben, Zehn-Prozent-Verbesserungen lassen sich auch mit geringerem Einsatz erzielen. Ein Quantensprung bedingt die Zerstörung des Alten und den Aufbau von etwas Neuem. (Und über Porsche wird es später heißen, hier sei kein Stein auf dem anderen geblieben und niemand habe noch denselben Job wie vor wenigen Jahren.)*

- *Nach Prozessen ausrichten: Nicht nur Hammer und Champy plädieren für eine Prozessorientierung in den Unternehmen; die Abkehr von „Einzelposten" wie Positionen, Aufgaben, Personen hin zu Unternehmensprozessen werden von vielen Management-Theoretikern als elementar identifiziert – und als besonders schwierig.*

Mit solchen Schwierigkeiten hat man auch bei Porsche zu kämpfen. „Ressortübergreifendes Denken ist bei vielen Porsche-Managern unterentwickelt, unternehmerische Talente verkümmern", stellt das *manager magazin* Ende der 1980er-Jahre fest. „Jeder beherrscht zwar seine Funktion, verliert aber leicht das Ganze aus den Augen."[9] Wohlgemerkt: Nicht allein Porsche ringt zu diesem Zeitpunkt mit solchen Strukturen. Vielen, besonders auch größeren Unternehmen, wird dies bekannt vorkommen. Bei Porsche allerdings hat man sich vorgenommen, entschieden dagegen anzugehen.

Freie Auswahl

Es existieren mittlerweile, wie schon erwähnt, eine ganze Reihe von Managementtheorien und ebenso viele Bücher darüber, fast jeden Tag kommen neue auf den Markt. Es versteht sich von selbst, dass ein Unternehmer kaum die Zeit findet, auch nur die Hälfte davon zu überfliegen – geschweige denn, durchzuarbeiten. Es wäre auch mit Blick auf ein optimales Zeitmanagement absolut kontraproduktiv, dies zu tun. Viele Führungskräfte verfügen kaum über eine fundierte theoretische Basis, krauses Halbwissen mischt sich da mit Durchhalteparolen und schlichten Wahrheiten (?) vom Schlage: „Du kannst alles schaffen, was du willst."
Es existieren jedoch auch Bücher, deren Autoren ihre Arbeit auf ein solides Fundament gestellt haben. Die Veröffentlichung des MIT über Lean Production in der Automobilindustrie ist schließlich das Extrakt aus fünf Jahren Arbeit – fünf Jahre, in denen zahlreiche Wissenschaftler mit Leuten aus der Praxis eng zusammengearbeitet haben. Sie taten dies nicht, um ein Buch darüber schreiben zu können, sondern um tatsächlich herauszufinden, welche Empfehlung für wen warum die absolut richtige sein könnte. Dass das Ergebnis am Ende so universal ausfallen und sich im Glaubenssatz „Lean Production für alle!" zusammenfassen lassen würde, war am Anfang der Untersuchung nicht abzusehen.
Auf der einen Seite also finden wir „schnelle" Weisheiten von oft selbst ernannten Gurus und Einpeitschern auf dem Markt, auf der anderen Seite das Wissen für die ganze Welt zwischen zwei Buchdeckeln – zwar auf eine Branche bezogen, aber auf andere übertragbar. Zwischen diesen Polen bewegt sich das übrige Angebot. Hier die ökonomisch richtige Alternative zu wählen, gestaltet sich äußerst kompliziert. Und wenn die Krise erst einmal besteht, ist es sicherlich zu spät, um mit der Lektüre zu beginnen.

Die Methode von Wendelin Wiedeking aber orientiert sich gleichwohl sehr differenziert an den „Standards" der modernen Management-Strategien, die daher an dieser Stelle genannt werden.

- Lean Management
- Qualitätsmanagement
- Change Management
- Business Reengineering
- Turnaround-Management
- Wissensmanagement
- Prozessorientierung

Wer sich anschickt, Bücher zu diesen Themen zu lesen, wird rasch Folgendes feststellen: Die Inhalte dieser Strategien überschneiden sich in weiten Teilen; zu den zentralen Bestandteile zählen fast immer:

- Kommunikation
- Visionen
- Führungsqualitäten
- Kundenorientierung
- Prozessorientierung
- Just-in-time-Produktion
- Radikale Entscheidungen
- Delegation von Verantwortung
- Differenzierung des Angebots

Wie wir festgestellt haben und weiterhin feststellen werden, sind dies auch die zentralen Merkmale der Art und Weise, wie Wendelin Wiedeking die Schwierigkeiten bei der Porsche AG in den Griff bekommt. Dies soll nun nicht den Rückschluss nahe legen, Wiedeking habe ein paar Bücher zu den genannten Themenkomplexen gelesen und damit den Turnaround bei Porsche hingekriegt. Letztlich ist nicht bekannt, auf welche Weise(n) der Vorstandsvorsitzende seine Informationen sammelt und sein Wissen mehrt. In jedem Fall hat sich Wiedeking vor Ort in Japan die Theorie in der Praxis angesehen. Und wurde dabei von Menschen begleitet, die ebenfalls davon profitieren sollten und konnten: den Meistern aus Porsches Produktion.

Strukturiert handeln

Der einstige Zustand bei Porsche ist zu Anfang als „paradiesisch" beschrieben worden: Lange Zeit gab es genügend Geld, um auf verbindliche Strukturen und die Kontrolle ihrer Einhaltung verzichten zu können. Obwohl das Unternehmen lange Jahre sehr ineffektiv arbeitete, schrieb es weiterhin schwarze Zahlen und war lediglich kurzfristig auf Bankkredite angewiesen. Erst auf dem Höhepunkt der Krise plant Porsche, sich an den Gesetzen des Marktes zu orientieren. „Ich behaupte", sagt Wiedeking kurz nach seinem Start als Vorstandssprecher, „ein Unternehmen wird nur dann bestehen können, wenn es wettbewerbsfähig ist."[10]

Es gehöre zu den leichteren Übungen, sich den Bedingungen auf dem Markt permanent zu entziehen. „Wir müssen dem Wettbewerb ins Auge schauen. Und das heißt, dass man zu definierten Kosten attraktive Produkte in den Markt bekommt, mit denen man dann Geld verdient."[11] Das hört sich fast erschreckend simpel und nahe liegend an; es klingt genau wie das, was eigentlich alle Unternehmen weltweit anstreben – für Porsche aber, räumt der Vorstandssprecher ein, sei dies eine völlig neue Überlegung.

Eine Strategie lässt sich daraus jedoch nur qua Umsetzung entwickeln. Und genau daran – auch das ist erschreckend einfach – hapert es meist. Fast jeder berufstätige Mensch, wenn er nicht gerade als Einmannunternehmen tätig ist, kennt die Eigenheit von Konferenzen und Meetings, die in Krisensituationen gehäuft auftreten, inhaltlich zwischen Vertrautem und

Abstrusem schwanken und in denen vielleicht Ideen, Energie, sogar Euphorie freigesetzt werden. Und die am Ende doch nichts weiter hervorbringen als das dumpfe Gefühl, dass sich sowieso nichts ändert und eine Menge Zeit vergeudet wurde.

> *Gerade in existenziell bedrohlichen Situationen hängt viel von der sorgfältigen Analyse und dem darauf aufbauenden Konzept ab. Die Unternehmensberater Peter Faulhaber und Norbert Landwehr beschreiben in „Turnaround-Management in der Praxis"[12] die dafür notwendigen Schritte – von der Analyse bis zum Konzept sind es neun Stufen:*
>
> ◆ *Zunächst wird die Situation analysiert, ohne bereits Konsequenzen abzuleiten: Wer hat Erfolg? Es werden die branchenspezifischen Erfolgsfaktoren und deren Dynamik ermittelt und mit den Kennzahlen des eigenen Unternehmens verglichen.*
>
> ◆ *Wo stehen wir? Durch Kundenbefragungen und andere Instrumente der Marktforschung wird die Stellung des Unternehmens im Markt und im Wettbewerb erfasst.*
>
> ◆ *Was trägt uns? Struktur und Entwicklungsgeschichte des Unternehmens werden mit den Erfordernissen der Branche verglichen.*
>
> ◆ *Auf dieser Basis lassen sich nun die „Werterzeuger" und „Wertvernichter" feststellen sowie die strategische Ausrichtung in Bezug auf Sortiment, Leistungen und der Entwicklung von Zielgruppen.*
>
> ◆ *In Stufe fünf werden daraufhin die Kernprozesse im Unternehmen auf ihren Sinngehalt und etwaige Möglichkeiten zur Optimierung untersucht.*
>
> ◆ *Dem schließt sich eine Analyse der Stärken und Schwächen an, aus der wiederum Verbesserungsvorschläge hervorgehen.*

> ◆ *In Stufe sieben geht es um Kostenoptimierung: Wo stecken Möglichkeiten, Kosten zu senken?*
>
> ◆ *Auf Stufe acht wird ermittelt, welche Potenziale im Management und beim Personal vorhanden sind.*
>
> ◆ *Erst jetzt kann in einem neunten Schritt ein umfassendes „ganzheitliches" Turnaround-Konzept entwickelt werden.*

Wie üblich beschreibt Wiedeking denselben Vorgang bei Porsche knapper und sehr konkret: „Ich musste mit dem neuen Team feststellen, wo wir überhaupt stehen und was wir anders machen müssen."[13] Grundbedingung: Keine Traumtänzereien, sondern Fakten abarbeiten. „Wir haben etliche interne Probleme transparent gemacht und können sie nun beseitigen"[14], sagt er im Gespräch mit der *Welt*. Das Überlebenskonzept sei relativ simpel. Erstens: die Modellseite auf Vordermann bringen; dafür seien die Weichen bereits gestellt. Zweitens gelte es, die Kostensituation massiv zu verbessern. „Drittens werden wir eine Offensive im Vertrieb starten müssen. Auf diese drei Hauptschauplätze werden wir uns konzentrieren."[15]

Ein sehr zentraler Punkt in diesem letztlich simplen Schema besteht darin, den Blick in die Zukunft zu richten, statt bei der Bestandsaufnahme und der Schuldzuweisung zu verharren. „Wenn wir immer versuchen, Schuld zuzuweisen und Fehler in der Vergangenheit zu suchen, lenken wir von unseren aktuellen Problemen ab. Wir finden zwar eine Argumentation dafür, warum es heute so schlecht geht, können daraus aber kein Rezept für eine Verbesserung ableiten."[16] Die Umsetzung dieser Erkenntnis fällt sehr vielen Menschen schwer. Sie könnte jedoch mit Sicher-

„Wir haben etliche interne Probleme transparent gemacht und können sie nun beseitigen."

heit dazu beitragen, das Gros der Konferenzen und Meetings in zahlreichen Unternehmen weltweit erheblich zu verkürzen. Und das, ohne Effektivität einzubüßen – im Gegenteil. Ein weiterer zentraler Aspekt bezieht sich darauf, den Prozess endlich in Gang zu setzen, statt immer wieder aufs Neue Gespräche darüber zu führen. Der Startschuss ist bei Porsche zum Zeitpunkt des Interviews, 1993, bereits gefallen. Doch muss der weiterführende Prozess nicht nur am Laufen gehalten werden, sondern tatsächlich dazu dienen, dass sich ständig etwas verbessert. Auf Japanisch heißt dieser fortlaufende Verbesserungsprozess „kaizen".

Japanische Verhältnisse

Auf zielbewusstes strukturiertes Vorgehen und ein Management, das dieses entsprechend klar und überzeugend nach innen sowie außen vertritt, hatte man bei Porsche längere Zeit verzichten müssen. Bei der Hauptversammlung im Frühjahr 1992 seien die einzigen Unternehmensvertreter mit Ausstrahlung die Autos draußen vor der Tür gewesen[17], schreibt Gabriele Fischer im *manager magazin*. „Wer mag da glauben, dass die Porsche-Vertreter da oben bereit sind, für die Autos vor der Tür durchs Feuer zu gehen?"[18] Fischer zieht einen Experten für Körpersprache hinzu, der die Ausdrucksfähigkeit der Vorstände während der Veranstaltung analysiert. Das Ergebnis: niederschmetternd. „Am Ende sind sie fast alle auf ihren Stühlen zusammengesackt und schauen ins Leere wie Marionetten."[19] Wiedeking hingegen, oft als unsicher oder unscheinbar beschrieben („wie der Buchhalter einer Rolladenfirma", ätzte zum Beispiel der *Spiegel* 43/1993), wird indessen echte Begeisterung bescheinigt, wenn er die Maßnahmen und Möglichkeiten für Porsche in der Öffentlichkeit erläutert. Und das in einer Situation wohlgemerkt, wie sie für Porsche schlimmer nie war.

Doch woher nimmt der Neue seine Gewissheit und Überzeugungskraft? Zum einen bleibt ihm natürlich gar keine andere Wahl. Man hat ihm den Job auf dem Schleudersitz angeboten und damit seinen Ehrgeiz geweckt. Und: Er ist in der Lage, die Vorzeichen positiv zu interpretieren. Fest steht zumindest, dass die Eigentümer das Unternehmen nicht verkaufen wollen. Niemand also verlangt von Wiedeking, das Unternehmen für eine Übernahme vorzubereiten und für einen kurzen Zeitraum als Nachlassverwalter die letzten Handlungen zu tätigen. Er soll tatsächlich einen höchst anspruchsvollen Job erledigen, was manche für kaum machbar halten. Ein echtes Abenteuer!

Es gibt ja tatsächlich Menschen – obgleich noch zu wenige in Deutschland – die eine solche Herausforderung zu Höchstleistungen anstachelt. Wiedeking hat außerdem das Angemessene getan, für einen Manager, der im Zeitalter des Wissens lebt, und sich Informationen darüber beschafft, wie andere ihre Schwierigkeiten in den Griff bekommen. Dabei blickte er vergleichsweise frühzeitig und außerdem sehr weit über den eigenen Tellerrand hinaus. 1991, als Wiedeking gerade zur Porsche AG zurückgekehrt war, reiste er mit einer Gruppe von Porsche-Meistern nach Japan und notierte bei Toyota „und anderen Nippon-Champions akribisch, was ihnen an Neuem auffiel"[20]. Wir erinnern uns: Zu diesem Zeitpunkt hatte das Massachusetts Institute of Technology gerade erst seine Untersuchungen über die Massenfertigung in den USA und Europa im Vergleich zur japanischen Lean Production abgeschlossen und den Bericht vorgelegt.

Nach der Studienreise holte man sich zudem japanische Fachleute direkt ins Haus. „Mit Hilfe von Dolmetschern ziehen 15 Toyota-Experten in Zuffenhausen ein Identifizierungsprogramm durch, eine Art Mikroanalyse, mit deren Hilfe jeder Schritt im Produktionsprozess optimiert werden soll."[21] Diese Spezialisten hatten sich geschworen, niemals ein ausländisches Automobilunternehmen zu beraten – eigentlich. Es ist vielleicht ein wesentlicher Bestandteil von Wiedekings Erfolg, dass er sie dazu gebracht hat, ihren Schwur zu brechen. Der Gründer der Beratungsfirma bescheinigte Porsche: Ein schreckliches Werk – aber es gibt Hoffnung.[22] Zwei Jahre später, als Umsatz und Absatz schon wieder gestiegen waren, zeigte sich Wiedeking noch immer vorsichtig: „Der Prozess war schmerzhaft und er ist noch nicht abgeschlossen. Entscheidend aber ist: Er ist unumkehrbar."[23]

Auch in diesem Punkt unterscheidet sich Wendelin Wiedeking ganz erheblich von seinen Vorgängern Schutz, Branitzki oder Bohn. Wiedeking ist kein „Schönwetterkapitän". Und er neigt nicht zu hartnäckigem Optimismus und auch nicht zu verfrühter Euphorie, im Gegenteil. Während sogar schon in der Fachpresse Stimmen laut werden, die den Turnaround als gelungen postulieren, bleibt der Vorstandsvorsitzende weiterhin auf dem Teppich und im Stadium höchster Aufmerksamkeit.

Erfolg ist für den Westfalen kein Status, den man erreicht und den es dann zu erhalten gilt, sondern ein Prozess, der – erst einmal in Gang gesetzt – nie wieder gestoppt werden kann. Anders wäre es wohl kaum möglich gewesen, vom Übernahmekandidaten zu einem der weltweit profitabelsten Automobilhersteller zu werden – und es auch zu bleiben.

Zielbewusst handeln

◆ *Notwendigkeiten erkennen. Dass es in einem Unternehmen Schwierigkeiten gibt, merken die Beteiligten meist relativ schnell. Die Analyse der tatsächlichen Ursachen dauert schon etwas länger. Und für die Umsetzung von Lösungen bleibt dann oft gar keine Zeit mehr. Wendelin Wiedeking hingegen hat das „Ermittlungsverfahren" bei Porsche radikal abgekürzt. Dabei stand nicht nur die Fra-*

ge nach dem "Ist" des Bestehenden im Vordergrund, sondern es wurde immer auch analysiert, warum die Dinge genau so und nicht anders laufen. Auf diese Weise lassen sich übrigens auch ungeschriebene Gesetze im Unternehmen identifizieren, überprüfen und – wenn nötig – abschaffen.

- *Radikal genug sein. Kleine Probleme lassen sich auch mit wenig Aufwand und ohne spürbare Einschnitte lösen. Sind jedoch grundlegende Veränderungen notwendig, muss tatsächlich ein Neuanfang gemacht werden – obgleich dann viele der notwendigen Entscheidungen "schmerzen", wie es der Porsche-Chef ausdrückt. Am Anfang des "Business Reengineerings", des Umbaus, steht die Frage: Wie würde dieses Unternehmen aussehen, wenn ich es heute mit meinem aktuellen Wissen gründen würde? Wiedeking hat Hierarchien verändert und Arbeitsplätze neu organisiert. Keiner im Unternehmen konnte auf seinem angestammten Platz abwarten, bis der Spuk vorbei war – alle wurden einbezogen.*

- *Alles kommunizieren. Gerade besonders unangenehme, aber dringliche Entscheidungen sind oft nur dann umzusetzen, wenn alle Mitarbeiter ihr Möglichstes tun und an einem Strang ziehen. Dies gestaltet sich umso schwieriger, je später und unvollständiger über Entscheidungen sowie deren Grundlagen kommuniziert wird. Dabei macht häufig der Ton die Musik. Auch Wiedeking hat mit den Porsche-Beschäftigten keine freundlichen Verhandlungen über den einen oder anderen Arbeitsplatz geführt, sondern knallhart entschieden und sich durchgesetzt. Die Mitarbeiter wussten allerdings zu jedem Zeitpunkt, was passieren wird und warum.*

- *Nach vorn blicken. Ein radikaler Neuanfang schließt auch die Suche nach den Schuldigen ein – mit diesem*

Thema muss abgeschlossen werden. Selbstverständlich sind es immer auch Fehler im Management eines Unternehmens, die zu Krisensituationen führen – und zum Teil handelt es sich um offenkundige Fehlentscheidungen, die leichtfertig getroffen wurden oder schlicht auf fehlenden Fähigkeiten beruhen. Auch bei Porsche sind viele Schwierigkeiten zuzuordnen; Wiedeking vermeidet jedoch Debatten darüber. Weil das letztlich nur von den aktuellen Problemen ablenkt und man im Alten verhaftet bleibt, statt Möglichkeiten für eine Verbesserung zu erkennen und dann umzusetzen.

Anmerkungen

1 Im Netz der Probleme" in: *WirtschaftsWoche* 50/1987.
2 Ebd.
3 „Erstickt im Dschungel" in: *WirtschaftsWoche* 45/1992.
4 „Neuausrichtung mit Stihler an der Spitze" in: *Handelsblatt,* 8. März 1993.
5 Ebd.
6 „Nagelprobe" in: *Die Zeit* 41/1992.
7 „Das ist eine Lachnummer" in: *Die Woche* 32/1997.
8 Hammer, Michael/Champy, James: Business Reengineering. Frankfurt a. M./New York 1996, 6. Auflage, S. 47.
9 „Das große Rennen gegen die Zeit" in: *manager magazin* 8/1988.
10 „Mit exklusiver Technik zu wettbewerbsfähigen Preisen einen größeren Käuferkreis erschließen" in: *Handelsblatt,* 19. Oktober 1992.
11 Ebd.
12 Faulhaber, Peter/Landwehr, Norbert: Turnaround-Management in der Praxis. Frankfurt a. M./New York 1996.

13 „Wer das Tempolimit fördert, macht das Geschäft der Japaner" in: *Die Welt*, 29. März 1993.

14 Ebd.

15 Ebd.

16 Ebd.

17 „Die verpaßte Chance" in: *manager magazin* 5/1992.

18 Ebd.

19 Ebd.

20 „Die fünfzehn Samurei" in: *manager magazin* 6/1993.

21 „Zeit der Samurai" in: *manager magazin* 1/1994.

22 Ebd.

23 „Porsche hat Ergebnis weiter verbessert" in: *Börsen-Zeitung*, 27. Januar 1996.

Sich auf das Wesentliche konzentrieren

„Es ist besser, unvollkommene Entscheidungen durchzuführen, als ständig nach vollkommenen zu suchen, die es niemals geben wird."

Charles de Gaulle

Also: Was ist denn nun ein Porsche?

Trotz Typenwirrwarr und Modellsalat, Dollarkrise und Turnaround – ein Porsche ist ein Sportwagen geblieben. „Wenn Sie heute eine andere Automarke nennen, hat der Kunde doch schon mal das Problem, dass er nicht weiß, wovon die Rede ist. Ist ein Lkw gemeint oder ein Kleinwagen, eine Luxuslimousine oder ein Roadster", gibt Wiedeking zu bedenken. Und er stellt außerdem klar, was ein Porsche nicht ist: einfach nur ein Auto. „Sie brauchen ja keinen Porsche, um von A nach B zu kommen. Wer sich für einen Porsche entscheidet, will die Emotionen, die Werte, die in diesem Auto stecken."[1]

Das klingt nicht besonders kompliziert; dennoch sind seine Vorgänger augenscheinlich an diesen klaren Ansprüchen gescheitert. Dabei gibt es – wenn das Unternehmen die genannten „Emotionen und Werte" klar definiert – weltweit keine echte Konkurrenz für einen Porsche. Er ist nicht nur ein Sportwagen, sondern eben ein ganz bestimmter Sportwagen, der für eindeutige Werte steht und sich durch diese als einzigartig von den anderen unterscheidet. Dazu gehört mit Sicherheit auch die Eigenschaft „Made in Germany".

Wiedekings Coup jedoch wurde ein Erfolg.

Die Schwierigkeit aber, alle entsprechenden Werte und Emotionen genau zu definieren, liegt nicht zuletzt im Wertewandel begründet, der sich in den vergangenen Jahrzehnten vollzogen hat. Obgleich Hedonismus bei der besonders kaufkräftigen Bevölkerung klar als Grundhaltung auszumachen ist, wird sie nicht um jeden Preis verfolgt. Das schließt jedoch nicht aus, dass ein Transfer der klassischen Porsche-Werte in die Gegenwart nicht trotzdem gelingen kann. Genau das ist Wiedeking Erfolg nämlich gelungen. Der neue Vorstandsvorsitzende hat die zentralen Bestandteile der Marke – die besondere Hochwertigkeit von Qualität, Leistung und Material – freigelegt und von überschüssigem Ballast (sprich: übertrieben luxuriösem Schnickschnack) befreit. Wiedeking hat die Marke durch seine eigene aufrechte Persönlichkeit geprägt und dadurch einer Zeit angepasst, in der Genuss am liebsten mit Bewusstheit einhergeht. Wie unerhört wichtig eine klare Linie für eine erfolgreiche Vermarktung ist beziehungsweise zuvor schon gewesen wäre, zeigen die Reaktionen auf „Porsches erste Neuentwicklung seit dem Abschwung" – den Boxster bei seiner Präsentationen auf der Auto Show in Detroit im Januar 1993. Wiedekings Vorgänger hatten bislang einen „Einsteiger-Porsche" stets abgelehnt; Wiedekings Coup jedoch wurde ein Erfolg.
Nicht nur der *Spiegel,* sonst alles andere als sparsam im Umgang mit Häme und Spott, war schlicht hingerissen von der Fahrzeugstudie dieser Einstiegsdroge: Das Hamburger Nachrichtenmagazin sah ein elegantes Gefährt mit aufregenden Proportionen und zitierte die Kollegen der Schweizer *Automobil Revue,* die sehr klare Vorstellungen davon hatten, wie ein Porsche auszusehen habe: echt, unverfälscht, nicht zu groß, ohne überflüssige Pfunde – und ohne verweichlichende Luxusattribute. Der Boxster stehe angesichts dessen für Porsches Rückkehr zu den Wurzeln traditioneller Technik.[2]

Es trifft zu, dass sich die Porsche AG mit dem Boxster auf ihre Stärken besinnt. Mit Nostalgie allerdings oder einer Rückkehr zu Althergebrachtem darf dies nicht verwechselt werden.

„Erotik hat ihren Preis."

Der Boxster ist in jedem Fall eine echte Weiterentwicklung des Bestehenden. Schließlich mag ein zweites, preiswerteres Label für viele Modedesigner üblich sein, um die (vorläufig) weniger gut betuchten Kunden an die Marke zu binden; die Sportwagenschmiede Porsche befährt jedoch absolutes Neuland (und so richtig preisgünstig ist auch der Boxster nicht).
Der Schritt hat sich allemal gelohnt: Bereits vor seiner Auslieferung im Herbst 1996 sind rund zwei Drittel der geplanten Jahresproduktion von 15.000 Fahrzeugen vorbestellt, trotz eines Verkaufspreises von mindestens 76.000 Mark. Der Boxster ist damit deutlich teurer als die Roadster von BMW oder Mercedes-Benz. „Erotik hat ihren Preis", erläutert Wendelin Wiedeking den feinen Unterschied. „Wir bauen eben keine Kuchenblechautos."[3]

Auf drei Beinen kann man nicht stehen?

Bald nach Wiedekings Einzug in den Vorstand der Porsche AG ist es beschlossene Sache, sich künftig auf zwei Modellreihen zu beschränken: den Boxster und den 911er. Nach der Einstellung unprofitabler Reihen kann dem „Brot-und-Butter"-Modell 911 endlich die Aufmerksamkeit zuteil werden, die es verdient und dringend benötigt. 1993/94 präsentiert Porsche die neu entwickelten Modelle erstmals.
Nur kurze Zeit nach der erfolgreichen Markteinführung des Boxsters will die Sportwagenschmiede doch noch eine dritte Modellreihe einführen: „Möglichst früh" will man die Produktpalette um ein Off-Road-Fahrzeug erweitern. Ein entsprechendes Joint Venture mit VW ist beschlossene Sache; im

Herbst 2002 soll das Fahrzeug bei den Händlern stehen. Manche wird die Ankündigung dieser Pläne überrascht haben. Ein sportliches Freizeitauto ergänzt die Marke jedoch perfekt (siehe Kapitel 7 und 8). „Wenn Sie jemanden fragen, was ein Porsche ist, wird er sagen: ein Sportwagen. Und dabei wird es bleiben", ist Wiedeking überzeugt, „auch wenn wir nun einen Sportwagen bauen, der halt in der Lage ist, Stücke und Steine zu überwinden."[4]

Auch wenn die Porsche AG sich „wohl ein wenig zu lange" auf ihren Lorbeeren ausgeruht hatte und viele Jahre allein der 911er Geld einbrachte: Man hat bei Porsche niemals tatsächlich auf nur ein Pferd gesetzt, zu keinem Zeitpunkt. „Wir haben bei der Porsche AG eigentlich zwei Sparten", erklärte Ferry Porsche 1988 angesichts der drohenden Katastrophe, „das Autogeschäft und das Entwicklungszentrum in Weissach mit einem steigenden Anteil der Fremdentwicklung. Selbst wenn wir mit den Autos in den Stückzahlen herunterfallen, können wir mit der Fremdentwicklung ein gut Teil des Ertragseinbruchs kompensieren."[5]

Der Stellenwert, den Ferry Porsche dem Entwicklungszentrum einräumt, ist mit Sicherheit nicht übertrieben. Ob Russen oder Rolls Royce, so der *Spiegel,* jeder könne sich bei Porsche diskret und teuer Fahrwerkdetails, Motoren oder komplette Autos entwickeln lassen. Diese Säule ist heute tragfähiger als früher: Denn auch in Weissach wusste lange Zeit niemand, ob die über 2.000 Mitarbeiter – von denen 1992 rund ein Drittel mit Fremdaufträgen beschäftigt war – tatsächlich wirtschaftlich arbeiteten. Anonyme Kritik auch hier: „lahm und teuer". Und nicht immer war der „Rückgriff" auf Weissach, wie Ferry Porsche ihn beschreibt, in schwachen Produktionszeiten uneingeschränkt möglich, weil das Zentrum eben als außerordentlich teuer galt. Hier hat die heute größere Effektivität wieder für mehr Spielraum gesorgt.

Zu einer dritten Säule wächst sich außerdem der Markt mit „Erlebnisprodukten" unter der Marke Porsche aus: Accessoires wie Uhren, Kleidung, Fahrräder, Reisen. Es sieht also ganz so aus, als seien der Porsche AG mittlerweile eher sechs Standbeine (drei Modellreihen, drei Sparten) gewachsen, von dem das eine oder andere ebenfalls potenziell als Spielbein eingesetzt werden könnte. In jedem Fall ruht das Unternehmen heute sicher auf diesen verschiedenen Säulen, die jeweils für sich allein kaum tragfähig wären. Ihre Stabilität resultiert aus ihrem Zusammenwirken. Jeder Bereich repräsentiert jedoch selbstständig die Marke, ist unabhängig von den anderen „echt Porsche". Mit dieser klaren Struktur hat Porsche ein zentrales Attribut zurückerobern können: Exklusivität. Und eine Marke, die dafür steht.

Tun, was man kann

Es kommt der Entwicklung einer klaren Linie durchaus zugute, wenn sich ein Unternehmen auf das konzentriert, was es besonders gut kann. Die Denkfabrik in Weissach zum Beispiel hat Porsches Weltruf als führend in Sachen Technik, Technologie und Design begründet. Wiedeking ist dennoch überzeugt: „Unser Know-how und unsere Stärke liegen nicht darin, auch noch die letzte Schraube von einem Porsche-Ingenieur entwickeln zu lassen."[6] Wenn man bedenkt, dass ein Auto der gängigen Machart aus mehr als 10.000 Teilen besteht, ist dies sicherlich eine gleichsam ökonomische wie nachvollziehbare Entscheidung. Denn: „Diese enorme Arbeit zu organisieren, ist wahrscheinlich die größte Herausforderung bei der Produktion eines Autos."[7] Für kleine Spezialhersteller trifft das ganz besonders zu. Genau wie seine japanischen Vorbilder plant Wiedeking ab 1992, Teile zu-

Bereits zu diesem Zeitpunkt hat Porsche mit rund 20 Prozent die niedrigste Fertigungstiefe in der gesamten Branche.

nehmend in Form von Modulen einzukaufen. Bereits zu diesem Zeitpunkt hat Porsche mit rund 20 Prozent die niedrigste Fertigungstiefe in der gesamten Branche. Aber: „Bislang hatten wir eine niedrige Fertigungs- und eine hohe Entwicklungstiefe. Die Lösung muss sein, dass auch Zulieferer als Systemlieferanten stärker beteiligt werden."[8]
Beim Boxster, erklärt der Porsche-Chef 1995 sollen es ganze Komponenten werden, Kunststoff-Stoßfänger mit integrierter Beleuchtung zum Beispiel; denkbar sei sogar, dass die Mitarbeiter des Zulieferers diese Komponenten selbst am Band bei Porsche einbauen. Solche standardisierten Lösungen solle es aber nur bei „nicht kundenrelevanten"[9] Bauteilen geben. Welche auch immer das dann sein mögen.

Asiatisches Schlankheitsmittel

Fest steht nun mal: Die Zeiten, als man – teuer und ineffektiv – die Autos wie in einem kleinen Handwerksbetrieb zusammenschrauben konnte, sind endgültig vorbei. Lean Production (oder Lean Management) gilt als Wundermittel (seriös ausgedrückt: als die universal beste Methode). Und wir erinnern uns: Das Massachusetts Institute of Technology hat diese Diagnose abgegeben, nachdem es fünf Jahre lang weltweit die Produktionsbedingungen in der Automobilbranche untersucht und miteinander verglichen hat – mit einer kurzlebigen Modeerscheinung wie es manch andere Management-Theorie sicherlich ist, hat diese Methode also gewiss nichts zu tun.
Die wichtigsten Grundlagen des Lean Managements (das ist wohl der bessere Begriff, weil er zum Ausdruck bringt, dass die Perspektive nicht allein auf die Fabrik als Produktionsstätte eingeengt sein darf) und damit auch elementare Grundsätze des Turnaround bei Porsche werden im Folgenden dargestellt: 1950, als sich in Europa gerade die Massenproduktion nach

US-amerikanischem Vorbild etablierte, reiste der japanische Ingenieur Eiji Toyoda nach Detroit, um sich ein paar Anregungen für die Toyota Motor Company zu holen. Was er bei Ford in der Massenproduktion zu sehen bekam, war jedoch nach seiner Überzeugung in Japan nicht umsetzbar: Denn hier war der Binnenmarkt sehr klein und verlangte dennoch nach einer großen Produktpalette. Zahlreiche große Autoproduzenten aus aller Welt strebten zu dieser Zeit nach Japan, verteidigten ihre eigenen Märkte aber hartnäckig gegen Exporte aus diesem Land. Außerdem waren die japanischen Arbeitskräfte nicht mehr uneingeschränkt bereit, lediglich als austauschbare Rädchen im Getriebe zu funktionieren.

In einer Massenproduktion lag jedoch genau hier ihre Aufgabe: Ein Arbeiter führte immer wieder einen oder einige wenige Handgriffe aus. Für die einzelnen Arbeitsbereiche Qualitätskontrolle, Werkzeugreparaturen oder Sauberkeit und Ordnung waren jeweils andere Mitarbeiter zuständig. Da das Hauptziel darin bestand, möglichst massenhaft Fahrzeuge zu produzieren, durfte das Fließband nur im absoluten Notfall angehalten werden. Produktionsfehler liefen so bis zum Bandende durch; erst im Nacharbeitsbereich wurde ein Teil dieser Fehler behoben, während die übrigen verbleiben mussten, da die nachfolgend ausgeführten Arbeiten sie verdeckten oder einen Zugriff verhinderten.

Doch nichts außer diesen Rädchen, den Montagearbeitern, erbrachte nach der Auffassung von Toyotas Produktionsleiter Taiichi Ohno eine Wertschöpfung für das Fahrzeug. Im Gegenteil: überall Verschwendung – von Arbeitskraft, Material und Zeit. Der japanische Produktionsleiter wollte diese Strukturen aufbrechen und ließ daher die Arbeiter Teams bilden und Verantwortung für ganze Abschnitte in der Montage übernehmen. Anders als der Vorarbei-

Im Gegenteil: überall Verschwendung – von Arbeitskraft, Material und Zeit.

ter in der Massenfertigung beteiligte sich der jeweilige Teamleiter an den Montagearbeiten. Anschließend übernahmen die Teams auch „Spezialaufgaben" – Reinigungsarbeiten, einfachere Reparaturen und die Qualitätskontrolle. Einen Teil ihrer Arbeitszeit sollten die Teams darauf verwenden, gemeinsam Verbesserungen für die Arbeitsabläufe zu entwickeln.

Vor allem aber verabschiedete man sich bei Toyota vom Dogma des laufenden Bandes. Die Entscheidung, Fehler bis zum Bandende durchlaufen zu lassen statt das Band anzuhalten, multiplizierte diese Fehler bis ins Unendliche: Bis ein Problem erkannt wurde, hatte man schon eine große Zahl Autos mit identischem Fehler produziert. Das neue Verfahren bei Toyota war revolutionär. Jeder Arbeiter sollte nun sofort das Band anhalten, wenn er ein Problem entdeckte, es aber nicht selbst lösen konnte. Das Team behob nicht nur den Fehler, es ergründete und beseitigte auch dessen Ursache. Zu Beginn musste das Band erwartungsgemäß noch sehr häufig angehalten werden; letztlich ging jedoch die Notwendigkeit von Nachbesserungen stetig zurück. Nacharbeitszonen gibt es bei Toyota seit langem nicht mehr – weil kaum noch Nacharbeiten anfallen.

Auch bei der Entwicklung von neuen Produkten setzt die schlanke Produktion auf Teams mit mehr Verantwortung. Die Teammitglieder werden aus den jeweiligen Fachabteilungen für das Projekt ausgeliehen und der Teamleiter verfügt tatsächlich über Entscheidungsbefugnisse – in nicht schlanken Betrieben ist dies häufig nicht der Fall, die Projektleitung hat dann ausschließlich die Koordination zwischen den Abteilungen zu organisieren.

Über die Entscheidungen eines solchen „schwachen" Teamleiters setzt man sich in Detroit, Wolfsburg oder Paris häufig hinweg, haben die Wissenschaftler des MIT im Verlauf der Studie herausgefunden. Und während in der Massenfertigung durchschnittlich drei Millionen Konstruktionsstunden und 60 Monate zwischen den ersten Entwürfen eines neuen Fahrzeugs und der Auslieferung an den Kunden liegen, benötigen die Japaner lediglich 1,7 Millionen Konstruktionsstunden und 46 Monate für die gleiche Leistung.

Selbst mit seinen Zulieferern, also überwiegend externen Firmen, bildet ein schlankes Unternehmen eine Art Team. Die Zulieferer werden dabei schon sehr frühzeitig in Entwicklungsprozesse einbezogen und übernehmen damit einen Teil des Jobs, den zuvor der Autohersteller selbst erledigt hatte: Bei Fertigstellung des MIT-Berichts hatte Nissan beispielsweise nur einen Sitze-Zulieferer, während General Motors in vielen Fällen noch mit 25 Zulieferern zu tun hatte, die jeweils ein benötigtes Teil an die Sitze-Fertigung des Unternehmens auslieferten.

Dies bedeutet nicht zwangsläufig, dass die Zulieferer in der schlanken Produktion alles Nötige für die gelieferten Module selbst herstellen. Sie verfügen über ein Netz von Zulieferern, die wiederum zuliefern lassen und so weiter. Durch die frühe Beteiligung am Entwicklungsprozess können diese Firmen die Konstruktion beeinflussen und damit auch die Kosten – anders als in der Massenproduktion, wo gemeinhin der Lieferant den Zuschlag erhält, der das günstigste Angebot abgibt (und das kann sich schnell wieder ändern).

Schließlich muss ein schlankes Unternehmen anders geführt werden als eines, das Massen fertigt: Die Grundannahme besteht hier darin, dass die wirkliche Wertschöpfung in der Produktion stattfindet und dass der wichtigste Teil der Arbeit darin besteht, Probleme zu lösen. In derartig strukturierten Betrieben bedeutet letztlich auch „Karriere" etwas anderes als das Erklimmen stabiler Stufen mit feststehenden Bezeichnungen und Gehaltssummen. In einem schlanken Unternehmen werden Mitarbeiter dadurch „wichtig", dass sich Ihre Leistungen ständig verbessern und sie immer mehr Fähigkeiten erwerben.

Schwäbische Diät

Wiedeking holt 1993 die engsten Vertrauten von Ohno nach Zuffenhausen, wo sie als Beraterteam Shin-Gijutsu (Neue Technologie) die Porsche-Beschäftigten in Workshops trainieren. Unter den Teilnehmern sind auch die Führungskräfte der Zuffenhausener Sportwagenschmiede. „Auch sie müssen umlernen, werden von den Japanern gedrillt und geschliffen – oft Seite an Seite mit den Blaukitteln."[10]

Das ist neu – nicht nur in Zuffenhausen – und macht den Mitarbeitern das Umdenken leichter: Niemand wird geschont; fast sieht es so aus, als habe Wiedeking es besonders auf das Management abgesehen: „Wer hat denn den Mitarbeitern am Band gesagt, wie sie arbeiten müssen? Wir, das Management (...) Wir haben verlernt, sie um Rat zu fragen."[11]

Sämtliche Führungskräfte bei Porsche müssen sich neu orientieren; die Möglichkeit, auf ruhigem Posten abzuwarten, bis Wiedeking sich ausgetobt hat, gibt es für das Management nicht. Heute entscheiden Meister und Facharbeiter eigenständig über die Gestaltung ihres Arbeitsplatzes, fertigen spezielle Hilfsmittel selbst (wie vielleicht auch früher schon, nur wurde es damals nicht gefördert). Dafür steht ihnen ein Budget zur Verfügung; was fehlt, besorgen die Mitarbeiter im Baumarkt. Die Rechnung zahlt Porsche – oder eben, im übertragenen Sinne, nicht mehr. „Da haben hochintelligente Leute", sagt Wiedeking, „20 Jahre lang am Thema vorbeigearbeitet."[12]

Dabei wäre es gar nicht so schwer gewesen, schon vor 20 Jahren das Richtige zu tun, lernen die Mitarbeiter im Workshop: Die Lösungen für langjährige Probleme sind oft ganz simpel. Da schickt sie ihr japanischer Trainer los, um einen Einkaufswagen zu besorgen. Und demonstriert, wie damit ge-

Niemand wird geschont; fast sieht es so aus, als habe Wiedeking es besonders auf das Management abgesehen.

nau die Teile, die der Monteur gerade benötigt, an das Fließband geschoben werden.
Keine Stapel, Regale, unnötigen Wege und Unübersichtlichkeiten mehr in der Produktion. So einfach also geht „just in time" – und wird „ein jahrzehntelanges Chaos im Handumdrehen beseitigt."[12] Für die Weiterführung dieses Aha-Erlebnisses in der Praxis sind dann die Porsche-Mitarbeiter verantwortlich. Die japanische Empfehlung: möglichst einfache Strukturen schaffen. „Sucht nicht nach einer Cartier-Lösung, wenn es auch eine Swatch tut."[13]

Sich auf das Wesentliche konzentrieren

- *Das Bestehende entwickeln. Selbst wenn grundlegende Veränderungen im Unternehmen anstehen, sollte man das Erreichte und Vorhandene durchaus wertschätzen. Gerade veränderte Prozesse sind an einem klaren ideellen Ziel auszurichten. Dieses braucht nicht vollständig neu zu sein, das alte muss jedoch abgestaubt werden, um den wesentlichen Kern des Unternehmens freizulegen. Nicht von ungefähr ist es bei Porsche der 911er, der lange Jahre als einziges Modell Geld einfährt und für die technischen, gestalterischen sowie emotionalen Möglichkeiten des Unternehmens steht. Bei Porsche orientieren sich sämtliche Entwicklungen an dieser klaren Linie.*

- *Mehrgleisig fahren. Die Porsche AG ist ein Monomarkenunternehmen, das vergleichsweise kleine Stückzahlen produziert und längere Zeit von wenigen Märkten abhängig war. Doch selbst in kritischen Zeiten verfügt es mit dem Entwicklungszentrum Weissach über ein zweites Standbein, das auf ganz andere Weise als die Autoschmiede für Stabilität sorgt. Mit neuen Modellen und Bereichen ist diese Basis noch stabiler geworden. Wiede-*

king, der für die meisten Entwicklungen verantwortlich zeichnet, achtet darauf, dass alles gut zusammenpasst. Nicht zwangsläufig durch Ähnlichkeiten, sondern als Ergänzung, die weitere Entwicklungen ermöglicht.

◆ *Etwas wagen.* Wer sich auf das Wesentliche konzentriert, übernimmt nicht irgendwelche Managementmethoden oder Strategiekonzepte, nur weil diese gerade im Trend liegen. Eine große Zahl der Entwürfe, die in den vergangenen 15 Jahren veröffentlicht wurden, waren – freundlich formuliert – kurzlebige Modeerscheinungen ohne tatsächlichen Nutzen. Doch sind auch einige wenige Methoden darunter, etwa die Lean Production, die das Zeug zum Lebensretter und Weltveränderer haben – wie das MIT mit seiner Untersuchung und Wiedeking mit seiner Umsetzung bewiesen haben. Es kann sich also sehr wohl lohnen, mutig und konsequent eine völlig neue Strategie zu erproben.

◆ *Einfache Lösungen suchen.* Warum eine Uhr von „Cartier" kaufen, wenn doch eine „Swatch" die Zeit genauso gut anzeigt? Weil'es einfach schöner ist. In der Industrie allerdings hat dieses Argument ausgedient. Die einfache Lösung ist immer die bessere und das nicht allein deshalb, weil sie Geld spart. Die Umsetzung geht auch schneller, das motiviert. Zudem können bei der Installation solcher Lösungen nicht so viele Folgeprobleme übersehen werden, weil alles übersichtlich ist. Und letztlich müssen die Beschäftigten in den neuen Arbeitsstrukturen ständig Schwierigkeiten selbst beheben. Für Kompliziertes stünden dann oft weder ausreichendes Fachwissen noch genügend Zeit zur Verfügung.

Anmerkungen

1 „Porsche ist nicht mehr Porsche, wenn uns ein Großer übernimmt" in: *brand eins* 2/2000.
2 „Zurück zu den Wurzeln" in: *Der Spiegel* 2/1993.
3 „Porsche boomt mit Boxster" in: *Die Welt,* 26. August 1996.
4 „Porsche ist nicht mehr Porsche, wenn uns ein Großer übernimmt", a.a.O.
5 „Ich habe nie den Diktator gespielt" in *manager magazin* 8/1988.
6 „Erstickt im Dschungel" in: *WirtschaftsWoche* 45/1992.
7 Womack, James P./Jones, Daniel T./Roos, Daniel: Die zweite Revolution in der Autoindustrie. Frankfurt a. M./New York 1994, S. 145.
8 „Erstickt im Dschungel", a.a.O.
9 „Ein Porsche war noch nie so zeitgemäß wie heute" in: *Süddeutsche Zeitung,* 24. Juli 1995.
10 „Zeit der Samurai" in: *manager magazin* 1/1994.
11 Ebd.
12 Ebd.
13 Ebd.

Stillstand bedeutet Rückschritt

*„Gewinnen kann man. Verlieren kann man.
Aber zurückgewinnen: unmöglich."*

André Kostolany

Stagnation

Als Wiedeking Ende 1991 zu Porsche zurückkam, war die Krise im Unternehmen auf ihrem Höhepunkt. Von Mitte der 1980er-Jahre bis Anfang der 1990er hatte sich die Jahresproduktion bei Porsche ungefähr halbiert. Im Geschäftsjahr 1990/91 lag der Absatz bei nur noch 26.486 Autos. In den USA sind die Einbrüche besonders krass: Wo das Unternehmen wenige Jahre zuvor noch 30.000 Fahrzeuge verkaufte, wird es nun keine 10.000 Stück mehr los. Ein weiteres Geschäftsjahr später sinkt der Absatz im Ausland insgesamt noch einmal um ein Drittel; es werden lediglich 11.656 Fahrzeuge weltweit exportiert.
Trotz dieser dramatischen Entwicklungen hat die Porsche AG eigentlich keinen Grund zur Panik. Das Unternehmen ist dennoch „kerngesund" – zumindest was die finanzielle Seite betrifft: Die Porsche AG schreibt noch immer schwarze Zahlen, hat bis auf „kurzfristige Verbindlichkeiten" keine Bankschulden und „die hohe Nettoliquidität ist ein Spiegelbild der Finanzkraft des Konzerns."[1]
Diese schier nicht enden wollende Finanzkraft scheint letztlich eine der Ursachen für Porsches schwindenden Erfolg zu sein. Wir erinnern uns, wie dort zu diesem Zeitpunkt gearbeitet wurde: Bei der Modellpolitik fällt überwiegend der Zufall

die Entscheidungen, eine rationelle Bauweise ist wegen fehlender Gleichteile nahezu ausgeschlossen und auch in der Personalpolitik scheint auf Dauer niemand kompatibel zu sein – mit den bereits genannten Auswirkungen auf die Kontinuität in der Geschäftsführung. Konsequente Kostenkontrolle wird dabei lange Zeit augenscheinlich für überflüssig gehalten. Außerdem: Die Welt verändert sich, mit ihr Markt und Werte; diese Veränderungen passieren in sämtlichen Branchen, wirken sich dabei selbstredend auch in der Autoindustrie aus und machen selbst vor einem Spezialisten wie Porsche nicht halt. Doch dort hält man unbeirrt an den zweifellos vorhandenen Werten fest, ohne ihren Inhalt zu bestimmen, sie auf ihre Zukunftsfähigkeit zu überprüfen und gegebenenfalls auch zu modifizieren.

In Zuffenhausen scheinen eventuell veränderte Kundenbedürfnisse letztlich weniger relevant zu sein als die eine oder andere Vorstandsfantasie. Die nämlich kam oft ungehindert zum Tragen: In den USA liebe man Prunk und Protz, hatte Vorstandschef Schutz erkannt, also könne man luxuriöse Schlitten dort unbegrenzt absetzen. Nicht einkalkuliert hatte er jedoch, dass sich dies ändern könnte. Und es wurde nicht dafür gesorgt, dass jemand die Entwicklung beobachtet. Das Porsche-Prinzip lasse sich auch auf Familienkutschen übertragen, bestimmte hingegen Entwicklungschef Bez, und ließ das Marktpotenzial in diesem Bereich nicht rechtzeitig überprüfen. Stattdessen wurden hunderte Millionen Mark an Entwicklungskosten verpulvert.

In einem Unternehmen mit knapperen Ressourcen wäre ein unkontrolliertes Drauflosarbeiten schlicht unmöglich gewesen.

Auch im Rennsport – lange Zeit der wichtigste Imageträger von Porsche und bekanntlich eine gigantische Geldvernichtungsmaschinerie – handelte sich das Unternehmen peinliche Misserfolge ein. „Bez hatte sich nicht von Warnungen seiner Techniker beeindrucken lassen, dass der Motor noch nicht reif sei für die Rennen."[2]

In einem Unternehmen mit knapperen Ressourcen wäre ein unkontrolliertes Drauflosarbeiten schlicht unmöglich gewesen. Selbst ohne engen Finanzrahmen ist es üblich, über Grundlagen, Ziele und Zeitrahmen eines Vorhabens in regelmäßigen Abständen Rechenschaft zu fordern und zu geben. Bei Porsche indessen schien man dies nicht für nötig zu halten – und vor lauter (auch finanziellen) Möglichkeiten das Ziel aus den Augen verloren zu haben. Falls es am Ende überhaupt noch ein Ziel gab.

Zielbestimmung

Im Geschäftsjahr 1992/93 werden bei Porsche, nach der Einsparung von 850 Stellen im Vorjahr, weitere 1.000 Arbeitsplätze abgebaut. Der Absatz insgesamt sinkt auf unter 15.000 Fahrzeuge, darunter sind rund 2.500, die einen Stern auf der Kühlerhaube tragen. Denn nicht nur die Fremdentwicklung, sondern auch die Fremdfertigung, wie hier für Mercedes Benz, stellt eine wichtige Einnahmequelle für die Porsche AG dar. Zwar ist das Unternehmen nicht in der Spielzeugabteilung eines großen Herstellers gelandet, doch wirklich unabhängig ist es während dieser Krise auch nicht. Mit Wiedeking aber sitzt dem Unternehmen endlich wieder jemand vor, der den Blick von Details auf das große Ganze lenkt und bei all seinen Äußerungen und Handlungen Glaubwürdigkeit vermittelt. „Eine wichtige Hilfestellung dabei ist die Begeisterung, die alle bei mir spüren", bekennt Wiedeking. „Ich stehe hinter jeder Entscheidung, und das merken die Kollegen schnell."[3]

Sommer 1993: Bislang hat „Wiedekings Wirbelsturm"[4] bewirkt, dass knapp 40 Prozent der Führungskräfte in der Produktion schlicht überflüssig wurden. Bei der Einführung der „Null-Fehler-Produktion" nach japanischem Vorbild sollen

Man kann sich endlich wieder auf das Autobauen konzentrieren.

mit Einverständnis der Gewerkschaften unbezahlte Pufferzeiten für Nachbesserungen eingeführt werden; im Gegenzug werde, wenn die Arbeitnehmer das Umstrukturierungsprogramm voll akzeptierten, die 35-Stunden-Woche vor der Zeit für Porsche-Beschäftigte gelten. Auch in anderen Bereichen wird gekappt: Von knapp 1.000 Zulieferern bleiben nur noch 300 übrig, obwohl die Fertigungstiefe weiter sinkt. Die Modulbauweise und der konsequente Einsatz von Gleichteilen in den verschiedenen Modellreihen halten Einzug in den Zuffenhausener Produktionshallen.

Schon im Herbst werden Entwürfe für die – so wünscht man es sich zumindest – neuen Erfolgsmodelle 911 Carrera und Boxster der Öffentlichkeit präsentiert. Das Erreichen der Gewinnzone peilt das Unternehmen für 1995 an. Und vor allem genießt man in Zuffenhausen einen Zustand, den es lange nicht mehr gegeben hatte: Man kann sich endlich wieder auf das Autobauen konzentrieren. Die täglich neuen und unterschiedlichen Hiobsbotschaften gehören ebenso der Vergangenheit an wie die regelmäßigen Schlagzeilen über Querelen zwischen den Eigentümerfamilien.

Es geht also wieder um das Auto. Gerade das US-Geschäft, räumt Wiedeking ein, sei in den Hochzeiten kein Automobil-, sondern vielmehr ein Bankgeschäft gewesen.[5] Der Perspektivenwechsel vom Rande des Abgrunds zur Höhenlinie eines Gebirgszuges hat erstaunlich schnell stattgefunden. Wiedeking gibt die Route vor und sorgt für ein gleichmäßiges Tempo. Bei dieser Art von Unternehmen liegt es nahe, dass es sich dabei um Vollgas handelt.

Dranbleiben

Ein Jahr später vermeldet *The Wall Street Journal* wie über einen guten alten Bekannten, Porsche sähe heute sehr viel schlanker und gesünder aus.[6] Und das *Handelsblatt* titelt bereits Anfang 1995: „Der Turnaround ist geschafft."[7] Mit dem Modell 986, dem Boxster, werde Porsche dann im kommenden Jahr das Jammertal wirklich verlassen können. „Inzwischen steuert der Konzern für 1994/95 zumindest ein ausgeglichenes Ergebnis an."[8] Immer wieder wird Gruppenarbeit als wesentlicher Faktor für den sich abzeichnenden Turnaround beschrieben.

Der Prozess kontinuierlicher Verbesserung funktioniere ohne Teams schlichtweg nicht, erklärt Wiedeking der *Frankfurter Allgemeinen Zeitung*. „Die Arbeitsgruppen haben es nun selbst in der Hand, ihre Prozesse zu optimieren."[9] Porsche hat eine Art Prämiensystem eingeführt, um die Mitarbeiter dazu zu motivieren, Verbesserungsvorschläge einzubringen. Umgesetzte Maßnahmen werden mit 100 Mark honoriert; außerdem werden Punkte gutgeschrieben, mit denen sich der Ideenreichste dann am Jahresende den Hauptgewinn in Form einer Weltreise oder einer Harley Davidson sichert.

Es ist nicht ausschließlich Begeisterung, die der Firmenchef seinen Leuten in diesem Prozess vermittelt. Für manchen altgedienten Meister artet der kontinuierliche Verbesserungsprozess (KVP), wie das japanische „Kaizen" in der deutschen Automobilindustrie genannt wird (und das bei Porsche – mit P wie Porsche – zum PVP gerät), überwiegend in Stress aus. „Als Meister", zitiert die *WirtschaftsWoche* den Karosseriebaumeister Siegfried Runkel, „muss man heute was bewegen."[10] „Personal machen", die Leute zur Arbeit einteilen und antreiben, reicht nicht mehr aus. Stattdessen gemahnen rote Schilder überall in der Fabrik an die für das laufende Geschäftsjahr vereinbarten Ziele: eine Senkung der Ausschusskosten um 20 Prozent, eine Nachbearbeitungsreduzierung sogar um 50 Prozent und der Eingang von zwölf Verbesserungsvorschlägen pro Mitarbeiter im Jahr.

„Die Meister sind heute diejenigen, die die Optimierung der Produktion vorantreiben", zitiert die *WirtschaftsWoche* Produktionsvorstand Uwe Loos. Dies, übersetzt das Magazin dessen feine Formulierung, bedeute nichts weiter als knallhart zu rationalisieren bis in die hintersten Winkel der Fabrik. Auf welche Weise die Zielvereinbarungen erreicht werden, bleibe den „umgekrempelten" Meistern selbst überlassen. Bei geselligen Kegelabenden oder in Workshops und Psycho-Seminaren würden regelmäßig Ideen gesammelt und Spielregeln festgelegt.

Es gibt zweifellos Kritik an den japanischen Verhältnissen. Wiedeking ist dennoch überzeugt: Nicht hohe Investitionen, sondern veränderte Prozesse sind der Schlüssel zum Erfolg.[11] Und das Ergebnis gibt ihm Recht. Das Unternehmen schafft im Geschäftsjahr 1995/96 den Turnaround und Wiedeking verspricht, „höllisch aufzupassen", dass Porsche seine Existenzberechtigung nicht noch einmal „unter solch unangenehmen Begleitumständen"[12] unter Beweis stellen muss.

Kaizen, KVP, PVP scheinen dabei tatsächlich das beste Gegenmittel zu sein. Das Verharren auf einem erreichten Status hatte sich bei Porsche bekanntlich schon einmal lähmend ausgewirkt und den Abschwung verursacht sowie beschleunigt. Durch fortlaufende Verbesserungen in kleinen Schritten hingegen entwickelt sich ein Unternehmen kontinuierlich weiter. Verbesserungsideen passieren sehr schnell die betriebliche Hierarchie und werden nicht ausgebremst, sondern gefördert. Denn ein solches System belohnt nicht allein das gute Ergebnis, es ermuntert auch zum stetigen Streben nach Erfolgen.

Diese Anstrengung, die Anspannung hält bis heute an. Obwohl einige Mit-

„Ich gönne mir keine Ruhe, und ich gönne sie anderen auch nicht. Wen ich beim Zurücklehnen erwische, den misch ich auf."

arbeiter wohl erwartet haben, dass es nun endlich auch mal wieder etwas ruhiger zugehen könne. Das jedoch liegt nicht im Interesse eines kontinuierlichen Verbesserungsprozesses und gewiss nicht im Sinne Wiedekings. „Ich gönne mir keine Ruhe, und ich gönne sie anderen auch nicht. Wen ich beim Zurücklehnen erwische, den misch ich auf."[13]

Dass dieser Prozess letztlich erfolgreich wurde und es auch bleibt, liegt daran, dass Wiedeking die gesamte Belegschaft einbindet und beim „Kopf", dem Multiplikator „Management", begonnen hatte. Die Probleme mit Veränderungsprogrammen liegen nämlich grundsätzlich nicht in den Programmen selbst begründet, schreibt Stuart Crainer. „Das entscheidende Hindernis für ihren Erfolg besteht vielmehr darin, dass sich nur so wenige Personen daran beteiligen."[14]

Wertewandel

Auch ohne die drohende Krise hätte sich ein Unternehmen wie Porsche stetig weiterentwickeln müssen. Wiedeking selbst bringt es auf den Punkt, wenn er sagt, man benötige ja keinen Porsche, um von A nach B zu gelangen; es gehe den Kunden um Emotionen und Werte. Denn der Gebrauchswert eines Porsche ist letztlich derselbe wie der eines VW-Käfers oder eines Nissan Micra. Er ist sogar eher geringer, da das Fahrzeug mit nur zwei Sitzplätzen ausgestattet ist und sich weit weniger gemütlich fährt. Eine Wegstrecke von A nach B zurückzulegen, wird schließlich in manchen Porsche-Modellen bereits zum schweißtreibenden Unterfangen. Preis- und imagetreibend ist vielmehr der Tauschwert eines Porsche, das, was der Käufer zu bekommen meint. Und wofür er bereit ist, einen sehr hohen Preis zu zahlen.

Es ist dabei keine Spezialität von Porsche oder der Automobilbranche, dass Gebrauchs- und Tauschwert heute voneinander getrennt sind; das trifft auf fast alle Konsumgüter zu.[15]

Niemand zum Beispiel benötigt tatsächlich ein Produkt namens „Milchschnitte", ein Waschmittel in Perlenform, das 99 Prozent der Bakterien aus der Wäsche vertreibt, oder einen PC mit Edelstahlgehäuse. Umso mehr Sorgfalt muss also der Kultivierung des Tauschwertes gewidmet werden, und das ist letztlich Ziel und Zweck aller Werbung beziehungsweise Öffentlichkeitsarbeit.

Die Außendarstellung der Porsche AG allerdings war seit Mitte der 1980er-Jahre von negativen Schlagzeilen in der Fachpresse geprägt und – schlimmer – den dahinter stehenden, real existierenden Entwicklungen im Unternehmen. Niemand von Porsche machte den potenziellen Käufern einleuchtend genug klar, warum er so viel Geld für ein Fahrzeug dieser Marke ausgeben sollten. Ein Porsche besaß zwar den Ruf, luxuriöser zu sein als alle anderen, übertraf deren Features aber nicht unbedingt tatsächlich, zumindest zu diesem Zeitpunkt nicht mehr. Und ein Mythos kann sich letztlich nur dann als zugkräftiges Verkaufsargument entpuppen, solange die Legende tatsächlich lebt.

Porsches Strategie gegen den schlechten Ruf und gesunkene Absatzzahlen wirkte eher monoton: Gebetsmühlenartig wurde in diesem Zusammenhang wiederholt, dass Porsche ein selbstständiges Unternehmen sei und bleiben werde. Porsche stehe nicht zum Verkauf. Diese Vorgehensweise ist mit Sicherheit richtig gewesen, da sie – neben anderen – die Marke Porsche konstituiert und stabilisiert. Tatsächlich aber ist kaum deutlich geworden, was diese Selbstständigkeit bedeutet, welche Werte repräsentiert werden und wie diese dann in den Produkten ihren Ausdruck finden (inklusive des teuer bezahlten Abglanzes auf den Fahrzeughalter).

Durch das Bekenntnis zur Unabhängigkeit und das Beharren auf einer Sportwagen-Identität konnte letztlich der potenzielle Käufer keine nachvollziehbaren (und in der Folge anzustrebenden) Inhalte erkennen: Die alten Porsche-Werte reflektierten nicht mehr ausreichend die gesellschaftlichen Normen –

es machte sich eine neue Bescheidenheit bemerkbar, sogar in den USA. Eine Drehung um 180 Grad war das jedoch nicht. Noch immer wollten die Leistungsträger sich etwas leisten. Aber sie wollten dabei lieber als denkende und informierte Wesen, aber nicht als Wichtigtuer identifiziert werden. Eine unabhängige kleine Autoschmiede mit dem Ruf, Handwerksqualität und neueste Technik miteinander zu vereinen, hätte dabei schnell die potenziellen Sympathien dieser neuen Schickeria gewinnen können. Hätte man sich bloß mit deren Werten auseinander gesetzt und sich um sie bemüht, so wie Wiedeking das heute tut.

Stillstand bedeutet Rückschritt

- *Ein Ziel im Blick behalten. Bei Porsche wurde vor zehn Jahren das Gleiche gemacht wie heute: Man produzierte teure Autos. Damals schien es dafür aber keinen weiteren Grund zu geben, als den, dass dies immer schon (und immer schon auf gleiche Weise) gemacht wurde. Geldverdienen war ja lange Zeit nicht unbedingt notwendig. Wiedeking gab dann das Ziel vor, effektiv zu produzieren und wettbewerbsfähig zu werden. Sicher kann man die andere, die Luxusvariante sympathischer finden; Fakt ist jedoch, dass jeder Bereich und jeder Mitarbeiter bei Porsche das neue Ziel kannte, jede Handlung daran ausgerichtet und die Vorgabe schließlich erreicht wurde.*

- *Erfolg durch veränderte Prozesse. Ihre große Finanzkraft hat der Porsche AG letztlich geschadet, weil die zwingende Notwendigkeit zum Umdenken fehlte. Wiedeking hingegen weiß, dass letztlich immer veränderte Prozesse der Schlüssel zum Erfolg sind – und nicht hohe Investitionen. Die Probleme eines Unternehmens oder Unternehmensbereichs sind fast immer auf fehlerhafte Prozes-*

se zurückzuführen, auf mangelhafte Kommunikation, fehlende Information oder schlechte Organisation. Wiedeking hat die bislang aufgabenorientierten Organisationsstrukturen bei Porsche zu prozessorientierten umgestaltet.

- *Immer weitermachen. Es gehört zu den zentralen Eigenschaften von Prozessen, dass sie dynamisch sind. Daher ist der kontinuierliche Verbesserungsprozess etwas anderes als eine einmalige Zielvorgabe oder eine Vision. Sein Ziel besteht vielmehr darin, immer besser zu werden, also niemals einen Status zu erreichen, der genügt. Das unterscheidet sich grundlegend von der landläufigen Vorstellung über gute Arbeit. Einerseits scheint ein solcher Prozess leichter, weil man meint, viele kleine Ziele besser erreichen zu können als ein großes. Andererseits ist er jedoch anstrengender: Es gibt kaum Gelegenheit, sich zurückzulehnen und das Erreichte zu genießen. Erst recht nicht bei Porsche zu Wiedekings Zeiten.*

- *Das Team bin ich. Gruppenarbeit ist ein zentrales Element von schlanken Unternehmen; das trifft auch für die Porsche AG zu. Die Zusammenarbeit in Teams erfordert allerdings ein Umdenken bei der Bewertung von Leistung und Karriere. Werden Erfolge und Misserfolge ausschließlich der Gruppe zugeschrieben, vergeht vielen Mitarbeitern die Lust, Leistung zu erbringen. Die Forderung nach und die Belohnung von Verbesserungsvorschlägen einzelner Arbeitnehmer trägt dem Bedürfnis nach persönlichen Erfolgserlebnissen Rechnung. Zudem profitiert das Unternehmen von einer großen Menge Expertenwissen, das zwar immer schon vorhanden, aber lange Zeit nicht abgerufen worden war.*

Anmerkungen

1 „Porsche keineswegs krank" in: *Börsen-Zeitung*, 17. Januar 1992.
2 „Die Lage ist beängstigend" in: *Der Spiegel* 38/1991.
3 „Wer das Tempolimit fordert, macht das Geschäft der Japaner" in: *Die Welt*, 29. März 1993.
4 „Die fünfzehn Samurai" in: *manager magazin* 6/1993.
5 „Wer das Tempolimit fordert, macht das Geschäft der Japaner", a.a.O.
6 „Porsche, Once Near Collaps, Now Purrs" in: *The Wall Street Journal*, 15. Dezember 1994.
7 „Der Turnaround ist geschafft" in: *Handelsblatt*, 30. Januar 1995.
8 Ebd.
9 „Reengineering hat nur eine Chance, wenn das Topmanagement sichtbar mitarbeitet" in: *Frankfurter Allgemeine Zeitung*, 16. August 1995.
10 „An der Kandare" in: *WirtschaftsWoche* 23/1995.
11 „Reengineering hat nur eine Chance, wenn das Topmanagement sichtbar mitarbeitet", a.a.O.
12 „Porsche hat Ergebnis weiter verbessert" in: *Börsen-Zeitung*, 27. Januar 1996.
13 „Immer linke Spur" in: *Stern* 14/2000.
14 Crainer, Stuart: Die Jack Welch Methode. Wien 2000, S. 74.
15 Karmasin, Helene: Produkte als Botschaften. Wien 1998, S. 210.

4 Klartext reden

„Die Liebe zur Ehrlichkeit ist die Tugend des Zuschauers, nicht die der handelnden Personen."

George Bernhard Shaw

Sagen, wo es langgeht

Auch Wiedekings Vorgänger konnten sprechen. Und sie sagten gelegentlich etwas, bei Bilanzpressekonferenzen, auf Jahreshauptversammlungen oder im kleinen Kreis. Dabei taten sie, was sie mussten: Zahlen verkünden, ein bisschen Stimmung machen. Fragen nach der strategischen Ausrichtung des Unternehmens soll jemand wie Arno Bohn dabei schon mal mit dem Hinweis abgeblockt haben, das sei Teil der Modellpolitik, dazu könne er jetzt noch nichts sagen. Dies ereignete sich auf dem Höhepunkt der Krise, wohlgemerkt. Vielleicht, spottete ein Journalist, weil Bohn schlichtweg nichts darüber wisse?[1]
Wiedeking hat diesen Kurs um 180 Grad gedreht. Er achtet sehr genau darauf, mit wem er wann über welches Thema spricht. Aber: Er kommuniziert alles – Stand der Dinge, nahe und ferne Ziele, Strategie. Außerdem mischt sich der Porsche-Chef in gesellschaftspolitische Grundsatzdebatten ein, zettelt selbst Diskussionen an und spricht von sich aus Themen an. Wiedeking kommuniziert unentwegt. Er tut dabei, was er kann.
Nun gibt es gerade im Management neben Wiedeking noch eine ganze Reihe anderer Männer, die in der Öffentlichkeit regelmäßig und wortreich Stellung beziehen. Doch scheinbar traut die Öffentlichkeit (und auch die Porsche-Belegschaft,

wie wir noch sehen werden) dem gebürtigen Westfalen zu, dass er weiß, wovon er redet. Und dass er es auch genauso meint. Das gilt zu Recht als Ausnahmeerscheinung in diesen Kreisen. „Wendelin Wiedeking vereinigt Eigenschaften, die unter Topmanagern eher selten sind: Er ist umgänglich, ohne Allüren."[2] Und die Fachjournalisten könnten gar nicht genug kriegen, schmeichelt sogar das zurückhaltende Wochenblatt *Die Zeit,* „von dem Mann, dem die Wiederbelebung des Mythos Porsche gelang und der sich so wohl tuend von den arrogant-coolen Managertypen abhebt[3]".
Besonders wichtig ist in diesem Zusammenhang, dass Wiedeking sehr wohl weiß, dass seine Neigung zum Klartext der Marke „Porsche" nutzt (siehe Kapitel 7). Es wäre allerdings nicht die richtige Schlussfolgerung, dies daraufhin als bloße Attitude oder reine Berechnung abzutun. Wäre dieses Verhalten, diese Einstellung lediglich aufgesetzt und einstudiert – denn das ist der Nachteil von Tugenden wie Ehrlichkeit und Redlichkeit –, würde es auf keinen Fall funktionieren.

Zur Lage

Wiedekings Vorgänger, Arno Bohn, hatte kurz nach seinem Amtsantritt bereits (öffentlich) diagnostiziert, dass Porsche aus sämtlichen Schwierigkeiten heraus sei – ein Irrtum, wie er rund ein Jahr später feststellen musste.[4] Wiedeking hingegen neigte in der gleichen Situation eher dazu, offen über Tatsachen zu sprechen. „Wendelin Wiedeking hat sich für die Offensive entschieden. Unbefangen redet Porsches junger Vorstandssprecher über die unangenehmen Fakten, die dem Stuttgarter Sport-

Wendelin Wiedeking hat sich für die Offensive entschieden. Unbefangen redet Porsches junger Vorstandssprecher über die unangenehmen Fakten ..."

wagenhersteller zu schaffen machen, über Absatzkrise, Rekordverlust und Stellenabbau."[5] Wenn Wiedeking, sechs Jahre nachdem er bei Porsche das Steuer in die Hand genommen hat, über den erfolgreichen Turnaround spricht, dann fällt auch ein Nebensatz, der auf die anhaltenden Anstrengungen und auf die grundsätzliche Vorsicht verweist.

Obgleich die Rolle als Vorstandssprecher, die Wiedeking 1992 übernahm, von nicht wenigen als verkappter, weniger machtvoller Vorstandsvorsitz interpretiert worden war: Für Wiedeking, der das Vorstandsressort Produktion und Materialwirtschaft behielt, kam sie gerade recht. „Wir wollen damit den Umbruch, der nach innen und nach außen stattfinden muss, klar zum Ausdruck bringen", zitierte das *Handelsblatt* den frisch gebackenen Vorstandssprecher und ergänzte: „Wiedeking sieht die Arbeit des Vorstands als Team mit einem Sprecher, der sein eigenes Ressort hat, als das richtige Signal für ein Unternehmen, das neue Wege gehen will." Schließlich plane man hier Gruppenarbeit vom Shopfloor bis zum Vorstand. Wiedeking lege dabei großen Wert darauf, jederzeit den Bezug zur Basis zu behalten. Die räumliche Lage seines Büros hat dies sicher gefördert: „Der Manager sitzt im Herzen der Produktion in Zuffenhausen. Und so redet er auch."[6]

Was man vergeblich erwartet, wenn Wiedeking spricht, ist ein langatmiges Lamento zur Situation des Unternehmens. Und die ist bekanntlich schlecht. Wiedeking benennt die „unangenehmen Fakten" und erläutert, was anders gemacht werden soll, auf welche Weise, nennt Ziele und Zeiträume. Kurz nach seinem Antritt als Vorstandssprecher erklärt er gegenüber der *WirtschaftsWoche:* Im Bereich Produktion und Materialwirtschaft würden zwei von sechs Managementebenen ersatzlos gestrichen, einzelne Fertigungsbereiche wie Rohbau und Montage würden künftig als Profitcenter geführt und diese Struktur würde weiter ausgebaut werden. Zack, zack, zack. Auf den Einwand der Journalisten, dass andere in der Branche solche Maßnahmen auch schon durchgeführt hätten, erwidert Wiedeking: „Seien Sie sich da mal nicht so sicher. Viele Meister zucken doch schon, wenn sie jährlich drei Prozent mehr Produktivität bringen sollen. Unsere Meister dagegen sagen, wir werden dieses Jahr zehn Prozent schaffen. Nur als Beispiel: Wir haben innerhalb eines knappen Jahres das in der Produktion befindliche Fertigungsmaterial um ein Drittel reduziert."[7] Auch die Meister wissen: Es geht ums Überleben – in zweifacher Hinsicht. Es geht um die Firma und um den eigenen Job. Die Zielvorgaben stehen nicht zu Disposition. Und sollte etwas nicht gehen, geht gar nichts mehr.

Innere Angelegenheiten

Wiedeking wird von beiden Eigentümerfamilien anerkannt. Er habe ein sehr gutes Verhältnis zu beiden Familien, sagt er selbst, und rede mit ihnen offen über die vorhandenen Probleme. „Wir verniedlichen nichts. Auch dies ist ein Grund, dass sie mich akzeptieren."[8] Und die Mitarbeiter? Porsches Meister, Manager und Malocher haben eigentlich regelmäßig Anlass zu zucken. Wiedeking erwartet, dass die gesamte Belegschaft wieder wesentlich engagierter ans Werk geht und ein Wir-Gefühl entwickelt. „Die Identifizierung mit dem Unternehmen muss spürbar werden."[9] Angesichts der harten Einschnitte bei den Arbeitsplätzen und eines radikalen Umbaus im Unternehmen mit dem Schwerpunkt Effektivität gerät dies für manche mit Sicherheit zum Spagat. Wiedeking weiß das. Und hat wie schon so oft erkannt, dass es nicht anders geht. Also muss es sein.

Mit einem tapferen „Versuchen wir; wahrscheinlich klappt's" gibt sich Wiedeking da nicht zufrieden.

Denn: Die Identifizierung mit dem Unternehmen umfasst die grundsätzliche Akzeptanz von Zielen und Zeiträumen. „30 Prozent Reduzierung des La-

gerbestands" ist so eine Vorgabe, die geschafft werden sollte. Mit einem tapferen „Versuchen wir; wahrscheinlich klappt's" gibt sich Wiedeking da nicht zufrieden. „‚Wahrscheinlich nutzt mir überhaupt nichts. Wir werden jetzt ein realisitisches Ziel verabreden, und das werden Sie dann auch einhalten."[10] Auch die Nacharbeit muss um 50 Prozent runter, selbst wenn es schwierig ist. Schließlich hat ein Kollege in einer anderen Abteilung das im vergangenen Jahr auch geschafft. „Ich erwarte, dass Sie Ihren Job machen", zitiert der *Spiegel* den Porsche-Chef. „Wenn nicht, haben Sie ein Personalproblem."[11] Und falls die Vorgaben trotz aller Quälerei schlichtweg nicht erreicht werden können, wird schon mal eine Abteilung dicht gemacht. „Wer bellt, muss auch beißen."
Bei den Arbeitern aber komme die harte, manchmal ruppige Gangart Wiedekings dennoch an, hat *Die Woche* festgestellt. „Was auch daran liegt, dass ihr Chef nicht allein den Profit zum Unternehmensziel erkoren hat."[12] Sondern sich ebenso der sozialen Sicherheit der Belegschaft verpflichtet sieht und damit einmal mehr die traditionellen Werte früherer Firmenpatriarchen repräsentiert. „Wir haben", das erkennt der Porsche-Chef an, „unserer Belegschaft viel abverlangt."[13]

Zur Lage der Nation

Wendelin Wiedeking wird gern ganz grundsätzlich: Über Visionen spricht er dann, über Vertrauen, Mut und eine Abkehr von überholten Strukturen. Gelegentlich dauert es einen Moment, bis man sicher sein kann, ob Wiedeking gerade über die Porsche AG oder die Lage in Deutschland redet. Oft ergibt ein Wort das andere. „So ist Umdenken angesagt, Glaubwürdigkeit ist das wichtigste. Schließlich ist es die Aufgabe des Managements, den Mitarbeitern Visionen zu geben, das ist die allerbeste Motivation"[14], fasst er die Basis für die Zukunftsfähigkeit (s)eines Unternehmens zusammen.

Seine Ratschläge für die Bundespolitik klingen ähnlich: „Der Bevölkerung muss eben mehr Vertrauen in die Zukunft vermittelt werden. Alles, was wir jetzt tun – und wenn es auch noch so schwer fällt – ist doch eine Investition für die Zukunft."[15] Oft schwingt der ungesagte Nachsatz mit, dass man bei Porsche schließlich genau dies gerade tue und deshalb auch genau wisse, wovon die Rede ist und dass es eben doch geht. Drei Jahre später wird eine ausgesprochen selbstbewusste Empfehlung daraus: „Die Politiker müssen endlich das tun, was wir bei Porsche bereits getan haben, nämlich den Teufelskreis, der uns weiter nach unten führt, zu durchbrechen."[16]

Es ist nicht wirklich verblüffend, dass „so einer" mit der deutschen Variante von „new labour" freundlicher umgeht als mit der CDU/F.D.P.-Koalition. Den mittlerweile abgelösten Mannen um Ex-Bundeskanzler Kohl bescheinigte er wirtschaftspolitische Unfähigkeit: „Wenn ich einen Wirtschaftsminister beschäftige, der so gar keine Kreativität in dieser Richtung zeigt, und wenn ich einen Finanzminister habe, dessen einzige Kreativität im Stopfen von Haushaltslöchern besteht, die in drei Monaten an anderer Stelle wieder auftauchen, dann habe ich ein Problem", spitzt Wiedeking seine Einschätzung gegenüber der *Woche* zu. „Eines, das immer größer wird."[17]

Da wird das Steuerpaket „einschließlich der Sparvorschläge" des SPD-Bundesfinanzministers Hans Eichel im Sommer 1999 von Wiedeking vergleichsweise freundlich bedacht. Doch letztlich ist Wiedeking auch von der neuen Regierung enttäuscht. Er habe erwartet, sagte er in einem Interview mit dem Wirtschaftsmagazin *Bizz*, dass Gerhard Schröder vom Start weg deutlicher sagt, wo er dieses Land hinbewegen will – und er habe sich gewünscht, dass Schröder eiserne Disziplin verordne. Was er, Wiedeking, ver-

Es sind nur Bedenkenträger unterwegs, die von Gegenfinanzierung reden.

misse? Das Visionäre. „Es sind nur Bedenkenträger unterwegs, die von Gegenfinanzierung reden."

Subventionen

Mit den eigenen finanziellen Möglichkeiten und auch denen anderer Unternehmer nimmt es Wiedeking gemeinhin jedoch ganz genau. Und geißelt in diesem Zusammenhang lautstark die Subventionen, die deutsche Konzerne „mit goldgeränderten Bilanzen" regelmäßig erhalten. Dies geschieht nicht völlig uneigennützig – obgleich Porsche beim Bau eines neuen Werks in Leipzig ausdrücklich auf finanzielle Unterstützung verzichtet; häufig gehören Firmen wie die Porsche AG nicht zu den „Anspruchsberechtigten" der staatlichen Stütze. „Ich habe mir den Subventionsbericht angesehen und war überrascht über die edlen Namen aus der Industrie, die alle Geld bekommen. Die Summe ist gigantisch, die sich Großunternehmen beim Staat abholen. Der gesamte Mittelstand dagegen, der dieses Land trägt, sieht von dem Geldsegen nichts."[18]
Auch er selbst wüsste durchaus etwas anzufangen mit 200 oder 300 Millionen. Aber: „Nur wenn wir eine ehrliche gesellschaftspolitische Diskussion führen wollen, und ich will das, dann muss man diese Praktiken abstellen."[19] Wiedeking hat also vor dem ersten Spatenstich in Leipzig – dort wo die Montage des Geländefahrzeugs erfolgen soll – tatsächlich nicht die Hand aufgehalten. Obwohl dies absolut normal und vollkommen legal gewesen wäre.
Für den gemeinhin eher als großzügig bekannten sächsischen Ministerpräsidenten Kurt Biedenkopf war das „ein bislang einmaliger Vorgang"[20]. Finanzminister Hans Eichel soll sich persönlich bei Wiedeking bedankt haben. „So etwas stärkt das Ego."[21] Und das Image. Der Gewinn, den die Porsche AG durch solche – öffentlichkeitswirksam aufbereiteten – Ent-

scheidungen auf das Sympathiekonto gutschreiben kann, ist kaum in Gold aufzuwiegen. Die Marke erhält Substanz, wird stärker. Und der Mittelstand schickt Fanpost. Dennoch: Diese Entscheidung repräsentiert letztlich die Grundüberzeugung des Porsche-Chefs. It's not a trick – not only.

Henne und Ei

Es lässt sich nicht ganz eindeutig feststellen, was zuerst da war: das Bedürfnis Wiedekings, sämtliche Vorgänge im Unternehmen durch Kommunikation transparent zu machen – oder aber die Erkenntnis, dass sich Klartext letztlich in Mark und Pfennig auszahlen wird. Wenn man bedenkt, wie akribisch Wiedeking sein Vorgehen strukturiert und in welchem Grad er es jeweils gedanklich zu durchdringen scheint, muss eigentlich eine Erkenntnis am Beginn dieses Prozesses gestanden haben. Und sei es die, dass es nur auf diese Weise gehen wird.

Wiedeking hat in jedem Fall eine neue Unternehmenskultur initiiert, die den Entwicklungsprozess nicht nur begünstigte – sie hat ihn erst ermöglicht. Ohne ein eindeutiges gemeinsames Kategoriensystem hätte das Unternehmen nicht in dieser Weise funktioniert, sondern sich weiterhin in Machtkämpfen aufgerieben und irgendwann dem Fatalismus ergeben. Für den Autor Edgar Schein ist interne Kommunikation ein überlebenswichtiger Faktor in Krisensituationen: „Wenn die Leute zu sehr mit ihrer Position und ihrer Identität beschäftigt und unsicher sind, wenn sie die Spielregeln nicht kennen und somit die Vorgänge weder voraussehen noch begreifen, dann können sie sich auch nicht auf die wichtigen Überlebensprobleme des Unternehmens konzentrieren."[22] Das sieht Wiedeking ähnlich: „Jedes Unternehmen ist steuerbar – wenn die Führung ihre Strategie deutlich kommuniziert. Interne Kommunikation ist ein entscheidender Wettbewerbsfaktor. Jeder

Einzelne muss wissen, warum welche Entscheidungen getroffen werden."²³ Schließlich gehört die Offenlegung von Problemursachen und Fehlerquellen auch als wichtiger Bestandteil zur schlanken Produktion. Außerdem, wie schon zuvor dargelegt und in Kapitel 7 noch weiter ausgeführt, sind die positiven Effekte in der Öffentlichkeit ebenfalls nicht hoch genug einzuschätzen. Es trifft zwar zu, dass es für den Kunden eigentlich zweitrangig ist oder sein müsste, dass zum Beispiel ein Unternehmen bereits seit 125 Jahren am selben Standort produziert und in sechster Generation von derselben Familie geführt wird, wie Rainer Münchrath spottet.²⁴ Aber der Kunde wünscht sich neben den Fakten über Produkt, Preis und Lieferzeiten dann doch ein wenig Legendenbildung. Vor allem dann, wenn – wie bei Porsche – Produkt, Preis und Lieferzeiten über jeden Zweifel erhaben sind.

„Interne Kommunikation ist ein entscheidender Wettbewerbsfaktor. Jeder Einzelne muss wissen, warum welche Entscheidungen getroffen werden."

Klartext reden

◆ *Nicht ohne Punkt und Komma. Offene Kommunikation nach innen und nach außen gehört mit Sicherheit zu den Erfolgsstrategien von Porsche/Wiedeking. Nicht allein die Beschäftigten sind jederzeit über die Entwicklungen auf dem Laufenden, auch die Fachpresse lässt sich bereitwillig in den Block diktieren. Das ist die erstaunliche Konsequenz des Klartext-Prinzips: Je offener Wiedeking über die (schlechte) Lage der Dinge spricht, desto leiser werden Kritik und Unkenrufe in den Medien. Wiedeking bietet nämlich im selben Atemzug konkrete Lösungen für die* geschilderten Probleme an. Und er ist immer bestens vorbereitet – er kommuniziert viel, aber gewiss nicht alles, immer sehr gezielt und kontrolliert.

◆ *Ehrlich offen sein.* Wiedekings geradlinige Art zu kommunizieren ist nicht aufgesetzt, ist nicht einfach so erlernbar. Zwar handelt es sich selbstverständlich um eine Inszenierung, weil die Kommunikation gezielt und kontrolliert erfolgt. Dennoch entspringt sie einer real existierenden Lebens- beziehungsweise Arbeitseinstellung. Die Empfehlung von Kommunikationstrainern, immer sich selbst treu zu bleiben, gilt auch für den Umkehrschluss: Ehrlichkeit kann nicht als bloße Attitude reproduziert werden. Wer nicht wirklich zu seinem Wort steht, wird nicht glaubwürdig wirken. Und letztlich muss diese Haltung nicht nur zum Menschen passen, sondern auch zum Unternehmen, das dieser repräsentiert.

◆ *Ein Sparkonto eröffnen.* Wendelin Wiedeking hat bei Porsche eine Menge Veränderungen in unglaublich kurzer Zeit auf den Weg gebracht und umgesetzt. Warum dieses Tempo? Das Unternehmen hatte sicherlich keine Zeit zu verlieren; „Vollgas" entspricht aber vermutlich auch am ehesten dem Naturell des Vorstandsvorsitzenden. Dennoch hat er es in Sachen Sympathiegewinn nie auf schnelle Erfolge angelegt, sondern beharrlich durch redliche Arbeit Punkte gesammelt und auf seinem Konto gutgeschrieben. Das Sparguthaben kann sich sehen lassen. Denn das Anlageziel „gutes Image" ist privat und beruflich erreicht, inklusive Reserven.

◆ *Wer bellt, muss auch beißen.* Wiedeking ist wohl das, was man gemeinhin einen „harten Hund" nennen würde. Er steht für einen verbindlichen, aber strengen Führungsstil und hält auch in diesem Zusammenhang nichts von Attitüde oder Showeinlagen. Er ist genauso hart, wie er sich

> *anhört. Und steht zu seinem Wort, was immer er auch sagt und ankündigt. Diese Strenge trägt letztlich das gesamte Turnaround-Konzept, Wendelin Wiedeking repräsentiert es als Vorbild. Schließlich fordert der Vorstandsvorsitzende von seinen Mitarbeitern, dass auch sie Zielvereinbarungen einhalten – und zwar weder „ungefähr" noch „höchstwahrscheinlich", sondern genau so wie verabredet.*

Anmerkungen

1 „Wo soll es nun langgehen?" in: *Handelsblatt,* 1. Februar 1988.
2 „Achten Sie auf ..." in: *manager magazin* 11/1999.
3 „Der Ketzer" in: *Die Zeit* 10/2000.
4 „Die Salzburg Connection" in: *manager magazin* 10/1991.
5 „Die fünfzehn Samurai" in: *manager magazin* 6/1993.
6 „Mit exklusiver Technik zu wettbewerbsfähigen Preisen einen größeren Kundenkreis erschließen" in: *Handelsblatt,* 19. Oktober 1992.
7 „Erstickt im Dschungel" in: *WirtschaftsWoche* 45/1992.
8 „Wer das Tempolimit fordert, macht das Geschäft der Japaner" in: *Die Welt,* 29. März 1993.
9 Ebd.
10 „Wer bellt, muß auch beißen" in: *Der Spiegel* 43/1993.
11 Ebd.
12 „King Wiedeking" in: *Die Woche* 48/1996.
13 Ebd.
14 „Wer das Tempolimit fordert, macht das Geschäft der Japaner", a.a.O.
15 Ebd.

16 „Wer hier Produkte verkauft, soll auch Arbeitsplätze schaffen" in: *Die Welt*, 18. März 1996.
17 „Das ist eine Lachnummer" in: *Die Woche* 32/1997.
18 „Keine Mark für die Autoindustrie" in: *Die Woche* 9/1999.
19 Ebd.
20 „Der Ketzer", a.a.O.
21 Ebd.
22 Schein, Edgar H.: Unternehmenskultur. Frankfurt a. M./New York 1995, S. 90.
23 „Ganz und gar wie der King" in: *manager magazin* 2/2000.
24 Münchrath, Rainer: Qualitätsmanagement in Verkauf und Service. Frankfurt a. M./New York 1995.

5 Globalisierung ist keine Falle

„Die ganze Welt besteht aus Machenschaften und Plänen, von denen die einen den anderen entgegengesetzt sind."

Miguel de Cervantes

Meckern und motivieren

Es gehört nicht gerade zum guten Ton in der deutschen Industrielandschaft, den Standort Deutschland mit Lob zu bedenken, im Gegenteil: Arbeitgeber und ihre Verbände geißeln regelmäßig Steuerlast, Lohnnebenkosten, Gesetze und Bildungsniveau als zu hoch, zu streng, zu lückenhaft. Wiedeking ist – wieder einmal – anders: Er plädiert dafür, die Vorzüge der Republik ins Rampenlicht zu rücken, statt den Standort Deutschland „kaputtzureden". „Wir Unternehmer müssen uns den Bedingungen stellen und zwar hier in Deutschland."[1]
Wiedeking wäre nicht Wiedeking, wenn er damit die Akzeptanz dieser Bedingungen meinte; Kapitulation ist schließlich seine Sache nicht. An der Währungspolitik der Bundesbank zum Beispiel, die lange Zeit für eine stabile Mark und eine entsprechend geringe Inflationsrate sorgte, lässt er kein gutes Haar. „Die schlagen sich vergnügt auf die Schenkel und jubeln, wie stark die Mark ist und haben dabei den Blick dafür verloren, wie diese Politik uns auf den Weltmärkten schwächt."[2] Dass die Bundesbank nun einmal vorrangig zur Sicherung des Geldwerts da ist, erscheint perspektivisch irgendwie kleinkariert.
Auch sonst, räumt er ein, gebe es hier und da Gesprächsbedarf und auch Anlass zur Kritik. „Natürlich sind Fehler gemacht

worden, über die kann auch geredet werden, aber doch nicht so laut."³ Die Regulierung der Lautstärke ist dabei nicht als Indikator für die Wahrhaftigkeit der Aussage zu verstehen. Wiedeking fürchtet schlicht das Echo im Ausland: „Wenn ein Amerikaner hört: Die Deutschen behaupten von sich selber, bei ihnen kann man nicht mehr produzieren, das Produkt ‚Made in Germany' sei erheblich überteuert, dann geht er doch lieber gleich zur Alternative."⁴

Wiedeking möchte also das Anschlagen positiver Töne verordnen, um potenzielle Auftraggeber nicht in die Arme der preiswerteren Konkurrenz zu treiben. Es geht ihm jedoch, wie so oft, nicht allein ums Kalkül. Wiedeking fallen in der Tat eine Reihe positiver Standortfaktoren ein, von denen auch die Porsche AG profitiert.⁵

◆ Qualifizierte Facharbeiter
◆ Kreative Ingenieure
◆ Hervorragende Grundlagenforschung
◆ Fleiß
◆ Lieferpünktlichkeit
◆ Managementqualität
◆ Entwicklungsfähigkeit
◆ Lernfähigkeit

Wiedeking hat Recht: Gerade bei der Entwicklung zu einer Wissens- und Informationsgesellschaft macht sich das Duale System, das als das europaweit beste Ausbildungssystem gilt, tatsächlich bezahlt. Die Facharbeiter in Deutschland sind bekanntlich besonders gut ausgebildet. Zutreffenderweise nennt Wiedeking daher auch Lern- und Entwicklungsfähigkeit als eine wichtige Qualifikation – obwohl diese Einschätzung nicht der „typisch deutschen" entspricht. Denn hierzulande zählt

Zutreffenderweise nennt Wiedeking daher auch Lern- und Entwicklungsfähigkeit als eine wichtige Qualifikation.

meist, was man bereits kann. Und nicht, was man alles noch lernen könnte.
Letztlich gehört auch die in Deutschland vorherrschende vergleichsweise hohe politische und soziale Stabilität zu den guten Standortbedingungen. Auch wenn Wiedeking und andere Leistungsträger in der Politik regelmäßig Ahnungslosigkeit und Stagnation beklagen.

Der große Preis von Deutschland

Auch mitten in der Krise gelingt es der Porsche AG, in der Wahrnehmung durch das Ausland das zu bleiben, was für sie wohl überlebenswichtig ist: ein „echt" deutsches Unternehmen, mehr noch – ein Symbol für die Wirtschaft Deutschlands. Nathaniel C. Nash erkennt in der Porsche AG „Germany's ultimate symbol of racing car performance and autobahn freedom"[6]. Porsche habe als der letzte unabhängige Sportwagenhersteller in Europa überlebt – und als besonders prestigeträchtiger Name der deutschen Automobilindustrie.
Wiedeking weiß, wie viel davon abhängt, auch und gerade im Inland. Und ist überzeugt, dass „Made in Germany" auch in Zukunft als überzeugendes Verkaufsargument taugen könnte. „Wenn wir bei den Technologien führend bleiben, wenn aus Deutschland die Innovationen kommen, dann werden wir den Produktvorteil mit einem angemessen höheren Preis weitergeben können. Wir dürfen allerdings nicht so tun, als genüge es, nicht schlechter zu sein als die Mitbewerber"[7] Die Porsche AG profitiert in diesem Zusammenhang natürlich auch von dem exzellenten Ruf und tatsächlichen Innovationsvorsprung durch das Entwicklungszentrum in Weissach (siehe Kapitel 6).
Letztlich hängt sogar ihr Überleben – zumindest das in Reichtum und Schönheit – davon ab, ob „Made in Germany" bei Porsche weiter glaubwürdig bleibt. 20 Prozent der Porsche-

„Made in Germany" ist immer noch ein Gütesiegel, für das die Menschen in aller Welt bezahlen."

Käufer, ergab eine Kundenbefragung, würden einen Porsche, der nicht aus Deutschland kommt, keinesfalls kaufen wollen. Für 70 Prozent der Befragten sei das „Gütesiegel" wichtig; und sie würden zumindest einen Preisnachlass verlangen, wenn das Gefährt nicht hierzulande hergestellt worden wäre. Andere Autofirmen, die im Ausland produzieren, lösen diese Zwickmühle mit dem Label „manufactured by". Keine Lösung für Wiedeking und Porsche: „Das ist ein gefährliches Spiel mit der Glaubwürdigkeit. Wir haben es heute mit sehr aufgeklärten Menschen zu tun, die solche Dinge feinfühlig wahrnehmen. Für ein imageträchtiges Produkt ist die Absenderadresse ein Mehrwert oder ein Nachteil. ‚Made in Germany' ist immer noch ein Gütesiegel, für das die Menschen in aller Welt bezahlen."[8]

So einfach und klar, wie das Wiedeking hier beschreibt, sind allerdings auch die Strukturen bei Porsche nicht. Zwar ist man unter seiner Führung sehr viel weniger abhängig vom amerikanischen Markt und dem Dollarkurs als zu Schutz' Zeiten; während damals rund 60 Prozent des Absatzes in die USA erfolgte, ist es mittlerweile „nur noch" rund ein Drittel. Dennoch: Mitte der 1990er-Jahre drohte der Kursverfall der US-Währung beinahe den Turnaround zu kippen. Die Kalkulation der Stuttgarter hatte den Wert bei 1,60 Mark verortet, tatsächlich waren es nur noch 1,40 Mark. Das soll die Porsche AG 60 Millionen Mark gekostet haben.[9]

Porsche zahlte jedoch nicht nur einen hohen Preis für das Label „Made in Germany". Die Zuffenhausener Aktiengesellschaft begann außerdem, Schleichwege zu bauen: so wurde „Made in Germany" zu einem Schwerpunkt.

Made in Porsche-Land

„Erstmals in der Unternehmensgeschichte" verlege die Porsche AG einen Teil ihrer Produktion ins Ausland, meldet die WirtschaftsWoche im Januar 1997[10] – und hat damit nicht ganz Recht. Es ist tatsächlich umstrittene, aber beschlossene Sache, dass ein Teil der Boxster-Produktion ins finnische Uusikaupunki verlegt wird. Die Porsche AG allerdings lässt zu diesem Zeitpunkt bereits im Ausland produzieren, obgleich aus anderen Gründen und nur in geringem Umfang: Seit 1995 werden in Mexiko jährlich 60 bis 80 Einheiten des Typs 911 montiert; auch in Indonesien baute der dortige Porsche-Importeur eine Montagelinie für den 911er auf mit einer möglichen Stückzahl zwischen 50 und 200. In Mexiko werden damit Einfuhrbeschränkungen, in Indonesien das vollständige Einfuhrverbot von Komplettfahrzeugen umgangen.[11]
Bei der Verlagerung eines Teils der Boxster-Produktion geht es um ganz andere Größenordnungen. Mindestens 5.000 Stück jährlich sollen ab Sommer 1997 bei Valmet Automotive gefertigt werden. Hier kämpft das tapfere „Made in Germany" gegen schnöde Lieferfristen – und zieht den Kürzeren. Man wolle, heißt es bei Porsche zur Begründung, die Kunden nicht durch lange Wartezeiten verprellen.
Denn schließlich sollten viele neue Kunden mit dem Boxster gewonnen werden. Der erst im Herbst 1996 auf den deutschen Markt gekommene Nachwuchs-Porsche erwies sich bald als Zugpferd. Beim Start auf dem für Porsche immer noch besonders wichtigen US-Markt im Februar 1997 rechneten die Autobauer mit einer ähnlich starken Nachfrage – und bauten auf finnisch vor. Die Kapazitäten in Stuttgart Zuffenhausen seien „bis an die Halskrause" ausgelastet.
Im Stammwerk ist man wenig begeistert, fürchtet um die befristeten Arbeitsverhältnisse der hiesigen Kollegen, rechnet mit neuem Kostendruck für die Fertigung in Zuffenhausen – und befürchtet vielleicht auch, dass damit ein Präjudiz ge-

schaffen werden könnte. Die Aktionäre sorgen sich hingegen um die Akzeptanz durch den Porsche-Kunden, der in dieser Hinsicht ja bekanntlich heikel ist. Wiedeking tut einmal mehr sein Bestes: Er kommuniziert.

Der Vorstandsvorsitzende beruhigt die Aktionäre mit dem Hinweis, dass bei Valmet auch Opel und Saab speziell Kleinserien erfolgreich produzieren lassen. Sagt, er wird sicherstellen, dass immer Porsche-Mitarbeiter vor Ort sein und für die gleich bleibende Qualität garantieren werden; außerdem sei der Boxster – anders als andere Porsche-Stiefkinder mit geringer Kundenakzeptanz – eine Porsche-Entwicklung, jede Schraube sei 100 Prozent Porsche. Und außerdem, bemüht Wiedeking einmal mehr das wichtigste Argument aus den Tagen der Überlebenskrise: Es geht nicht anders.[12]

Dass sich auf diese Weise auch ein Teil des Risikos verlagert – sollte die Nachfrage ausbleiben, trifft dies zunächst natürlich Valmet, Zuffenhausen bleibt verschont –, wird nicht ausdrücklich thematisiert.

Obwohl die partielle Auslandsfertigung den Erfolg des Boxster nicht geschmälert hat: Durch die Diskussion wird klar geworden sein, dass das geplante Geländefahrzeug kaum mit und bei VW in Bratislava produziert werden konnte. Das neue Werk, das die Porsche AG nun in Leipzig aufbaut, ist ein Zugeständnis. Und selbst hier ist Deutschland nicht gleich „Germany". Wiedeking möge mal erklären, nörgelte der Betriebsrat in Zuffenhausen, wie das jetzt gemeint ist: „Porsches Zukunft liegt in Leipzig." Und: Auf dem 40 Hektar großen Gelände werden lediglich die Komponenten montiert. Die Motoren kommen aus Zuffenhausen, die Achsen aus Braunschweig, die Pressteile aus Hannover, Plattformen und Rohkarossen werden aus Bratislava angeliefert. Überwiegend „Made in Germany", irgendwie.

Zwischen den Zeilen

Ende 1995 war die Welt noch in Ordnung, zumindest was die Produktion des Boxster im Inland betraf. Das neue Modell, erklärte Wiedeking gegenüber dem *manager magazin*, werde nicht in Korea gebaut und auch nicht in Großbritannien oder Frankreich, wo andere deutsche Firmen schon mal fertigen lassen. Aus gutem Grund: „Für unsere Sportwagen brauchen wir Fachleute, die über Jahre mit dem Produkt groß geworden sind. Bei uns gibt es viele Dinge, die Sie in der Massenfertigung nicht finden. Das bedeutet, dass wir nicht einfach übermorgen im Ausland produzieren können."[13] Ein paar Monate dauert es schon – wie sich später im Fall Valmet herausstellt. Und nicht allein das „Bekenntnis" zum Standort Deutschland behindert eine Produktionsverlagerung. Die bei Porsche erfolgreich betriebene, stark optimierte schlanke Form der Produktion lässt sich eben längst nicht überall durchführen.
Viel erstaunlicher ist an diesem Interview jedoch, dass der (auch) selbst ernannte Klartext-Experte hier – im Dezember 1995 – eher kryptische Antworten auf Fragen nach der Umsetzung des Labels „Made in Germany" gibt. Wiedeking beklagt zwar die Gefahr, dass immer weniger Wertschöpfung in Deutschland stattfinden wird. Und er beweist klare Weitsicht, wenn er befürchtet, dass die viel beschworene Dienstleistungsgesellschaft ohne das Weiterleben der produzierenden Industrie ebenfalls zum Tode verurteilt ist („Wir können uns ja nicht alle gegenseitig den Rücken massieren."[14]). Im Gespräch mit dem *manager magazin* allerdings räumt er ein: „Auch für uns besteht die eigentliche Herausforderung am Produktionsstandort Deutschland darin, endlich zu erkennen, wie wir unsere Wettbewerbsfähigkeit an internationalen Standards ausrichten können."[15]
Nicht besonders klar, dieser Text. Er wird es aber. „Auch wir denken zwangsläufig darüber nach, Zulieferteile künftig verstärkt aus dem Ausland zu beziehen. Außerdem überlegen wir,

wo wir zusätzliche Produkte jenseits der deutschen Grenzen sinnvoll produzieren könnten, beispielsweise eine Großraumlimousine."[16] Nach Skrupeln gefragt, erklärt Wiedeking, ihn als Unternehmer in Deutschland mache diese Entwicklung „wirklich betroffen". Verblüffend: Wenn Wiedeking ausnahmsweise in einer unklaren Situation angetroffen wird und sich windet, redet er auf einmal wie ein Student der Sozialpädagogik.

Der, die, das Internationale

Es ist offenkundig, dass Porsche schon (fast) immer ein Unternehmen mit internationaler Ausrichtung war. Die ersten 356er aus Gmünder Produktion (Österreich) fanden auch in der Schweiz ein paar Abnehmer. Seit Beginn der Serienfertigung in Zuffenhausen 1950 hat Porsche immer mehr Märkte erobert, zunächst in Europa, dann in den USA. Und selbst in den 1990er Jahren steigt die Präsenz der Schwaben in der Welt rapide an. Zwei Drittel ihres Umsatzes macht die deutsche Porsche AG im Ausland. Zudem nimmt Porsche in möglichst allen Schlüsselmärkten auch den Vertrieb gern selbst in die Hand. „Könnte die Dr. Ing. h. c. F. Porsche AG, Stuttgart, ihre Sportwagen nicht auch im Ausland absetzen, das Unternehmen wäre vermutlich längst vom Markt verschwunden oder bestenfalls Anhängsel eines großen Herstellers"[17], fasst die Frankfurter *Börsen-Zeitung* 1997 zusammen. Auch zukünftig will das Unternehmen den Fokus auf die Erschließung neuer Märkte und auf eine mögliche Verbesserung der Verkaufsinfrastrukturen in bestehenden Märkten richten.[18] Und dies kann – auch mit Blick auf ein Bekenntnis zu dem Produktionsstandort Deutschland – selbstverständlich nicht

Und letztlich sichert der Exportboom auch die Arbeitsplätze in Zuffenhausen.

beanstandet werden. Im Gegenteil: Es ist nur gescheit. Das Unternehmen wäre dann nicht mehr von einigen wenigen Märkten abhängig. Und letztlich sichert der Exportboom auch die Arbeitsplätze in Zuffenhausen.

Dennoch: So anachronistisch das Briefeschreiben in den Zeiten von E-Mail geworden ist, so kompliziert könnte es werden, in diesem beschriebenen internationalen Umfeld tatsächlich in Deutschland zu produzieren – im Wortsinne. Bei einer Fertigungstiefe von knapp 20 Prozent, einer eventuellen Zunahme des Teile- und Moduleimports durch Zulieferer im Ausland (die in die Entwicklung einbezogen sind) und bei teilweisen Produktionsverlagerungen über die deutschen Staatsgrenzen, stellt sich die Frage „Was ist ein Porsche?" neu: Was bedeutet bei Porsche „Made in Germany?"

Globalisierung ist keine Falle

◆ *Preisen und profitieren. In das Lamento seiner Manager-Kollegen über die miesen Bedingungen am Standort Deutschland mag Wiedeking nicht einstimmen, selbst wenn er die Kritik in einigen Punkten teilt. Der Porsche-Chef hält ein Loblied auf die Vorteile am Standort für klangvoller – vor allem in den Ohren potenzieller Kunden. Doch auch hierbei liegt die Realität zugrunde: Eine Firma wie Porsche profitiert tatsächlich – von der hohen Qualifikation der Facharbeiter hierzulande, der Lieferpünktlichkeit, der politischen und sozialen Stabilität. Und letztlich geht es ja um die angemessene Darstellung eines ausnehmend wichtigen Qualitätsmerkmals bei Porsche – um „Made in Germany".*

◆ *Lernen lernen. Neuen Wegen im Management gegenüber ist Wiedeking sehr aufgeschlossen; das beweist nicht zuletzt seine Orientierung an japanischen Verhältnissen* und die Einführung des Lean Managements in Zuffenhausen. Dieser Veränderungsprozess hat allen Beteiligten – auch Wiedeking selbst – abverlangt, umzudenken und Neues zu lernen. So passt es ins Bild, dass er auch die potenzielle Lernfähigkeit in der deutschen Gesellschaft als Standortvorteil betrachtet – und allemal zutreffend für eine Wissensgesellschaft ist dieser Aspekt ebenfalls. Wiedekings Einstellung, dass man nicht alles können, vieles aber lernen kann, hat den Turnaround des Autobauers erst ermöglicht.

◆ Made in Germany. Dieser Absender gilt noch immer als feine Adresse für hohe Qualität, Globalisierung und virtuellen Unternehmungen zum Trotz. Viel wichtiger aber: Der Kunde ist bereit, dafür entsprechend mehr zu zahlen. Die Porsche AG schafft es – bei einer Fertigungstiefe von rund 20 Prozent, Zulieferungen von Teilen und Modulen auch aus dem Ausland und einer teilweisen Komplettmontage jenseits der Staatsgrenzen –, noch immer für „Made in Germany" zu stehen. Dies sei kein bloßes Lippenbekenntnis, sondern ein Wettbewerbsfaktor, wird der Vorstandsvorsitzende nicht müde zu betonen. Zuffenhausen bleibt der Nabel von Porsches Welt – und so geht es.

◆ Hüben und drüben. Der Markt von Porsche ist längst die ganze Welt. Und das Bekenntnis zum Produktionsstandort Deutschland stößt dann an Grenzen, wenn der Kunde etwas anderes will: einen Boxster, zum Beispiel. Der soll zwar immer noch „Made in Germany" sein, aber dennoch nicht zehn Monate oder länger auf sich warten lassen. Alles im Interesse des Kunden also, wenn ein Teil der Boxster-Produktion auf einmal in Finnland vom Band läuft. Wiedeking hat sein K.-o.-Argument eingesetzt: „Es geht nicht anders." Und der Kunde scheint das tatsächlich zu akzeptieren.

Anmerkungen

1 „King Wiedeking" in: *Die Woche* 48/1996.
2 „Das ist eine Lachnummer" in: *Die Woche* 32/1997.
3 Ebd.
4 Ebd.
5 Rede beim „KlartextForum" der SPD, 11. Mai 1998.
6 „At Porsche, Japanese Lessons" in: *International Herald Tribune*, 23. Januar 1996.
7 „Wer hier Produkte verkauft, soll auch Arbeitsplätze schaffen" in: *Die Welt*, 18. März 1996.
8 „Porsche ist nicht mehr Porsche, wenn uns ein Großer übernimmt" in: *brand eins* 2/2000.
9 „Mal wieder Knatsch" in: *Der Spiegel* 24/1995.
10 „Widerstand gegen Auslandsfertigung" in: *WirtschaftsWoche* 6/1997.
11 „Porsche betreibt Deal ohne Grenzen" in: *Börsen-Zeitung*, 6. September 1997.
12 „Bis an die Halskrause ausgelastet" in: *Der Spiegel* 6/1997.
13 „Im roten Bereich" in: *manager magazin* 12/1995.
14 Ebd.
15 Ebd.
16 Ebd.
17 „Porsche betreibt Deal ohne Grenzen", a.a.O.
18 „Sportwagen aus Zuffenhausen für die ganze Welt" in: *Börsen-Zeitung*, 27. Juni 1998.

6 Sich selbst treu bleiben

„Nichts in der Welt wird so gefürchtet wie der Einfluss von Männern, die geistig unabhängig sind."

Albert Einstein

Identität bewahren

Zu Beginn des Jahres 2000 verwies Porsche bei einer Art Image-Contest des *manager magazins* (siehe Kapitel 7) die bislang üblichen Sieger wie Daimler-Benz und BMW auf die Ränge. Bei dem Versuch, den Sieg zu erklären, zeigte sich Wiedeking ausnahmsweise als Freund der Dialektik, bewusst oder unbewusst: „Wir stehen zu uns selbst und liegen damit nicht im Trend."[1] Letztlich folgt die Porsche AG damit doch einer aktuellen Entwicklung, der zur Individualisierung nämlich – während die Großen der Branche schlichtweg gar kein Selbst mehr hätten, wie Wiedeking glaubt. „Viele haben eine so breit gefächerte Produktpalette, dass sie gar nicht mehr wissen, wer sie sind."[2]

Auch bei Porsche wusste man eine Zeit lang nicht unbedingt, was man war – sondern grenzte sich vielmehr über Kategorien ab, die auf keinen Fall zutreffen. Was auch passiert, hieß es, Porsche bleibe selbstständig. „Ich habe meinen Familiennamen doch nicht hergegeben, um das Unternehmen meistbietend abzustoßen, um Kasse zu machen", schnaubte schon 1988 Ferry Porsche. „Diese Philoso-

„Ich habe meinen Familiennamen doch nicht hergegeben, um das Unternehmen meistbietend abzustoßen, um Kasse zu machen."

phie mag für Amerikaner gelten, nicht für uns."³ Das Unternehmen war demnach kein Amerikaner, kein Übernahmekandidat, keine Spielzeugabteilung für VW oder Mercedes-Benz und später, nachdem der Plan für eine viertürige Limousine vom Tisch war, auch kein Hersteller von sportlichen Familienfahrzeugen.

Diese Abgrenzung über negative Merkmale ist kein Porsche-Sonderfall, sondern allgemein üblich. Die meisten Menschen nämlich können sehr präzise beschreiben, wer oder was sie auf keinen Fall sein möchten. Die Benennung von erwünschten Eigenschaften fällt oft ungleich schwerer, weil sie naturgemäß sehr viel eindeutiger ausfallen muss. Eine Menge Marken und Produkte tragen genau dem Rechnung. Sie ermöglichen die Abgrenzung von Unerwünschtem, ohne sich zu sehr auf die positive Definition einer Zuordnung einlassen zu müssen. Diese Art der Orientierung funktioniert annähernd genauso gut wie die über eine Beschreibung positiver Merkmale. „Der elementare Mechanismus der Bedeutungszuordnung: Eine Sicherheit der Orientierung ist dann am einfachsten gegeben, wenn zwei Elemente Gegensätze bilden. Man weiß, was das eine ist auch schon dadurch, dass es das andere offensichtlich nicht ist."⁴

Überträgt man diese Schwarzweißmalerei auf das Automobilunternehmen, ergibt sich Folgendes: Die Porsche AG hat grundsätzlich etwas gegen Riesen, ist kein Goliath, will keiner werden und kämpft mit allen Mitteln dagegen an. Sie will ein David sein und schafft dies auch. „David gegen Goliath, das ist die Kernaussage in unserem Leben. Und natürlich ist es einfach sympathisch, wenn ein Kleiner beweist, dass die Großen, die Dinosaurier, nicht einfach durch die Welt laufen und alles platt machen können und dabei auch noch glauben, sie kommen damit durch"⁵, gibt Wiedeking unumwunden zu. Das sollte man sich noch einmal langsam auf der Zunge zergehen lassen: Der rentabelste Autobauer der Welt, der Exerzierplatz der Effektivität – ein sympathischer Zwerg, zugegeben: mit Riesenkräften. Bereits der Firmengründer Ferdinand Porsche hatte in diese Richtung gearbeitet, als er Mitte der 1930er-Jahre versuchte, den Reichsverband der Automobilindustrie in der Angelegenheit „Volkswagen" aus dem Boot zu drängen. Es ist zumindest aus heutiger Sicht eine starke Leistung, eine solche Identität aufzubauen und zu bewahren. Völlig allein allerdings hat Porsche dies nicht geschafft.

Groß denken

Wiedeking behauptet: „Ich bin völlig unabhängig – persönlich, finanziell und im Kopf.[6] Der wichtigste Teil der Porsche AG, das Entwicklungszentrum Weissach, lebt aber auch von den Entwicklungsaufträgen der großen Automobilkonzerne weltweit. Nicht allein in materieller Hinsicht, aus dieser Situation konnte sich Porsche zumindest mittlerweile „befreien", während in Krisenzeiten die Fremdentwicklung durchaus das Überleben sichern musste. Auf der Wissensseite profitiert Porsche durch diese absolut ungewöhnliche Schlüsselposition in einer Branche, in der Geheimhaltung oberstes Gebot ist, jedoch in zweifacher Hinsicht.

Man verdient in Weissach nicht nur Geld, sondern ist auch stets auf dem Laufenden, was die neuesten Entwicklungen der Wettbewerber angeht – schließlich ist man live dabei. Dieses Wissen lässt sich wiederum für hauseigene Produkte nutzen. Der Entwicklungsaufwand wird – bei besten Ergebnissen – geringer, weil er sich quasi auf mehrere Schultern verteilt. Dies funktioniert auch in umgekehrter Richtung: Aufwändige Entwicklungsarbeiten für neue Porsche-Modelle können zusätzlich bei Fremdaufträge von Nutzen sein.

Holger P. Härter, Vorstandsmitglied der Porsche AG, erkennt sogar einen dreifachen Nutzen: Neben Know-how und Geld erhalte das Unternehmen so die Möglichkeit zu „atmen". Werden vorübergehend mehr Kapazitäten für eigene Entwicklungen benötigt, so sind sie vorhanden, sind es weniger, lassen sich verstärkt Fremdaufträge akquirieren. „Die Möglichkeit, jederzeit auf schier unerschöpfliche Entwicklungsressourcen zurückgreifen zu können, unterscheidet Porsche im Übrigen wesentlich von anderen Kleinserienherstellern, die ihre Selbstständigkeit nicht zuletzt deshalb verloren haben, weil sie über die Ressourcen nicht verfügten."[7]

Bei der Produktion von Teilen oder Kleinserien haben sich Porsche und die Großen wie VW, Mercedes-Benz oder BMW ebenfalls in all den Jahren von Zeit zu Zeit gegenseitig unter die Arme gegriffen. Darauf nahm Wiedeking allerdings wenig Rücksicht; bei seinem Großangriff auf staatliche Subventionen für Automobilkonzerne schonte er auch Partner nicht. Anlässlich der Zahlungen in Höhe von 500 Millionen Mark (nach Steuern) an die damalige BMW-Tochter Rover hatte Porsche bei der EU-Kommission in Brüssel interveniert. Wenig später kündigte BMW an, die Lieferung von Karosserieteilen für den Boxster auslaufen zu lassen. Die Presswerke seien, anders als bei der Annahme des Auftrags, nun wieder ausgelastet.[8] Nicht jedem ist anscheinend die Neigung zum Klartext gegeben.

Außerdem gilt Porsche in Bayern als „Pharisäer", weil die finnische Firma Valmet, bei der der Boxster produziert wird, 1997 elf Millionen Mark für den Aufbau der Porsche-Montage erhalten habe. „Die relativ kleine Firma Porsche kann ja nicht die Welt verändern", hieß es da ausnahmsweise „und nur noch mit Firmen zusammenarbeiten, die keinerlei Subventionen bekommen."[9]

Wissen ist Macht

Weissach ist eine kleine schwäbische Gemeinde rund zwei Dutzend Kilometer westlich von Stuttgart. Dort, wo zunächst eine Teststrecke ins Leben gerufen worden war, entwickeln seit mehr als einem Vierteljahrhundert derzeit über 2.000 Mitarbeiter neben den Sport- und Rennwagen für die Porsche AG Fahrzeuge und Fahrzeugdetails für Kunden aus allen Ländern, aber auch Rüstungstechnik oder Designlösungen für andere Bereiche als die Fahrzeugindustrie.[10] Es leuchtet natürlich ein, dass man mit den Namen der Kundschaft ebenso vertraulich umgeht wie mit der Art ihrer Aufträge. Es mag kaum übertrieben sein, wenn Ferry Porsche behauptet, die Liste derer, die nicht in Weissach entwickeln ließen, sei allemal kürzer als die der Kunden.

Porsche liegt bei den Patentanmeldungen unter den Automobilherstellern ganz weit vorn – mit Abstand an der Spitze, wenn man die Zahl der Patente an der Zahl der Entwicklungsingenieure misst.[11] Das Potenzial, das sich daraus für die Porsche AG ergibt, wurde schon zuvor benannt. Außerdem ist das Unternehmen damit auch im Entwicklungsbereich führend und fördert die Multiplikation von Wissen – ein boomender Markt, ganz besonders heute. Und gepaart mit dem „bodenständigen" Know-how aus der Industrie sind die „Ideenprodukte" sehr viel weniger schnelllebig als in anderen Bereichen.

„Ideen, die noch heute den Markt beherrschen, können morgen schon out sein", warnt der japanische Berater Minoru Tominaga. „Die Preise und somit auch das ganze Wirtschaftsleben sind aus diesem Grund höchst unbeständig. Die klassische Dreiteilung in Arbeit, Rohstoffe und Kapital verliert im Computer- und Informationszeitalter ihre Gültigkeit und muss folglich durch andere Komponenten ersetzt werden."[12] Vor diesem Hintergrund erstaunt auch Wiedekings Forderung nach dem „Abitur als Grundausbildung", nach Ganztagsschulen oder Elite-Universitäten nicht und – zugegeben – er ist nicht der Erfinder solcher Ideen.[13]

Auch das Unternehmen selbst hat einen gewaltigen Vorsprung auf dem Weg in das neue Wirtschaftszeitalter gewonnen – weil Ideen die Keimzelle der Porsche AG waren. Zuerst

„Heute kann man nur mehr Wissen haben als der Konkurrent."

gründete Ferdinand Porsche ein Ingenieurbüro, anschließend wurde das Wissen in Weissach kultiviert. Und anders als sonst in Deutschland üblich, liegt dabei das Wissen nicht unter einer Staubschicht brach, sondern wird ständig genutzt, weiterentwickelt und vermehrt.

Letztlich trägt aber auch das „japanisch" geprägte Personalmanagement seinen Teil zum Erfolg bei. Denn die Menschen und ihre Ideen, stellen Wirtschaftstheoretiker übereinstimmend fest, sind in Zukunft Wettbewerbsfaktoren – nicht die wichtigsten, sondern die einzigen. Weil sich nur noch dadurch die Unternehmen voneinander unterscheiden. „Wissen und Fähigkeiten bleiben nunmehr als einzige Quelle komparativer Vorteile übrig", fasst Lester Thurow zusammen. „In der Vergangenheit war es möglich, mehr natürliche Rohstoffe oder mehr Kapital zu haben als ein Konkurrent. Heute kann man nur mehr Wissen haben als der Konkurrent."[14]

Die Porsche AG wird den Wandel von der reinen Produktionsstätte zur Denkfabrik spätestens mit dem „dritten Porsche" (dem Geländewagen) vollzogen haben, ist man bei der *Frankfurter Allgemeinen Zeitung* überzeugt. „Kaum merklich" habe man sich vom Autohersteller zum Ideengeber und Entwickler gewandelt. „Schätzungen zufolge wird Porsche dann weniger als die Hälfte seiner Jahresproduktion von über 80.000 Autos selbst herstellen."[15]

Da wusste man allerdings noch nichts vom neuen Porsche-Werk in Leipzig und äugte bei diesen Berechnungen skeptisch nach Bratislava. Eines aber verliert auch unter den veränderten Vorzeichen nicht seine Gültigkeit: Die Fahrzeuge werden immer noch eine schwäbische Entwicklung sein. Und: „Der Markt ist der Globus – doch die Autos werden weiter unter dem kombinierten Porsche-Wappen des Landes Württemberg und der Stadt Stuttgart verkauft werden."[16]

Identität bewahren

◆ *Selbstbewusst sein. Ein Porsche ist ein Sportwagen. Diese eindeutige Zuordnung geht nicht auf Wiedekings Erfolgskonto. Der Porsche-Chef aber sorgt dafür, dass das so bleibt. Und macht dieses eindeutige Selbst interessanter, weil vielschichtiger. Zum einen durch eine Modellpalette, mit der verschiedene Schwerpunkte deutlich gesetzt und voneinander getrennt realisiert wurden. Zum anderen durch eine neue Legendenbildung, da der alte, schlichte Traum vom schnellen Fahren nicht mehr genug hermachte. Porsches Selbst ist heute durch das Thema David gegen Goliath geprägt. Porsche gilt als political correct und sympathisch. Keine schlechte Leistung für ein Konglomerat aus Effizienz und Geld.*

◆ *Individualität ermöglichen. Man könnte befürchten, das starke Selbst einer Marke schade ihr in der modernen Gesellschaft, in der ein Konsument stets auf seine Individualität pocht. Porsches Beispiel jedoch zeigt: Das Gegenteil ist eher der Fall. Weil erstens grenzenlose Individualität mehr einschüchtert als befreit; schließlich ist man auch frei, eine gnadenlos falsche (Kauf-)Entscheidung zu fällen. Und zweitens hat jedes Individuum nicht nur das Bedürfnis nach Abgrenzung, sondern auch nach Zugehörigkeit. Zu einer Elite zum Beispiel. Wenn diese Zuordnung auch noch sozial akzeptiert wird, umso besser. Und das Porsche-Image ist durch Wiedekings Glaubwürdigkeitskampagne sehr stark aufgewertet worden.*

◆ *Selber denken. Obwohl Wendelin Wiedeking meint, dass Porsche nicht alles bis zur letzten Schraube selbst entwickeln müsse, ist er sich der Vorzüge des Selberdenkens bewusst. Schließlich war die Keimzelle der Porsche AG ein*

Ingenieurbüro und keine Autoschlosserei. Und in Krisenzeiten haben die Umsätze des Entwicklungszentrums vermutlich das Schlimmste abwenden können. Heute steht Porsche damit stets an der Weltspitze des Branchenwissens. Ein Wissensvorsprung im Informationszeitalter – besser kann es kaum kommen. Porsche kultiviert diesen Ideenpool; eine Verringerung der „Entwicklungstiefe" wird nur in kaum relevanten Bereichen angestrebt.

◆ **Wettbewerbsfaktor Mensch.** Bei all der angestrebten Effizienz und den zahlreichen Entlassungen von Mitarbeitern nicht nur bei der Porsche AG überrascht die These, der Mensch sei heute letztlich der einzige Wettbewerbsfaktor. Sie stimmt aber trotzdem: Geld, Rohstoffe oder die neuesten Technologien sind für alle Mitstreiter in annähernd gleichem Maß zu haben; die Firmen unterscheiden sich durch ihre Mitarbeiter, deren Fähigkeiten und Ideen. Das Personalmanagement bei Porsche – immer verbunden mit der schlanken Produktion – bezieht sich auf diesen Gedanken. Es wird Verantwortung an die Beschäftigten delegiert, diese werden ausdrücklich und regelmäßig um Ideen und Vorschläge gebeten.

Anmerkungen

1 „Echte Glanzleistung" in: *manager magazin* 3/2000.
2 „Porsche ist nicht mehr Porsche, wenn uns ein Großer übernimmt" in: *brand eins* 2/2000.
3 „Ich habe nie den Diktator gespielt" in: *manager magazin* 8/1988.
4 Karmasin, Helene: Produkte als Botschaften. Wien 1998.
5 „Porsche ist nicht mehr Porsche, wenn uns ein Großer übernimmt", a.a.O.
6 „Die Bombe tickt" in: *Der Spiegel* 21/1999.
7 „Sportwagen aus Zuffenhausen für die ganze Welt" in: *Börsen-Zeitung*, 27. Juni 1998.
8 „BMW beendet Teile-Lieferung an Porsche" in: *Die Welt*, 18. Februar 2000.
9 „Aus eigener Kraft" in: *Der Spiegel* 7/2000.
10 Müller, Fabian: Ferdinand Porsche. Berlin 1999, S. 145.
11 „Schwerpunkt weiter hier" in: *Frankfurter Allgemeine Zeitung*, 11. Juni 1996.
12 Tominaga, Minoru: Aufbruch in die Wagnisrepublik. Düsseldorf/München 1998, S. 59.
13 „Im roten Bereich" in: *manager magazin* 12/1995.
14 Zit. nach Tominaga, Minoru, a.a.O.
15 „Vom Autohersteller zur Denkfabrik" in: *Frankfurter Allgemeine Zeitung*, 5. Juni 1998.
16 Ebd.

Image pflegen 7

„Werbung ist die Kunst, auf den Kopf zu zielen und die Brieftasche zu treffen."

Vance Packard

Im Wettbewerb

Mit dem Image ist das so eine Sache: Hat ein Unternehmen erst einmal eines, hält es sich ziemlich hartnäckig – vor allem, wenn es sehr gut ist oder ungeheuer schlecht. Die Faktoren allerdings, die ein gutes Image ausmachen, verändern sich und das zum Teil ganz erheblich. Seit 1987 lässt das *manager magazin* alle zwei Jahre zweieinhalbtausend Führungskräfte nach diesen Faktoren befragen. Die 100 größten deutschen Konzerne sowie die zehn führenden Unternehmen werden entsprechend eingeordnet. Diese „Imageprofile" spiegeln als repräsentative Stichprobe das Meinungs- und Stimmungsbild in den Chefetagen der deutschen Wirtschaft wider. Die Bewertung erfolgt dabei zum einen branchenübergreifend, zum anderen in 17 verschiedenen Wirtschaftsbereichen.

Im Jahr 2000 zeigt sich Porsche hier einmal mehr auf der Überholspur: Das Unternehmen erreicht nicht nur in der eigenen Branche Platz eins, ihm wird außerdem das beste Image aller Unternehmen in Deutschland bescheinigt. In einer entsprechenden Pressemitteilung geben sich die Stuttgarter bescheiden – das Ergebnis sei so deutlich wie überraschend ausgefallen. Schließlich befindet man sich in der Gesellschaft von „Markenmonumenten" wie DaimlerChrysler, BMW, Deutsche Bank, Siemens, VW, IBM, Bosch und Lufthansa.[1]

„Liebe Wettbewerber, auch Ihr baut schöne Automobile. Aber so wenig Nutzen wie ein Porsche kann so schnell keiner in die Waagschale werfen."

Angesichts des wirtschaftlichen und gesellschaftlichen Wertewandels, der sich auch im Ranking des aktuellen Imageprofils widerspiegelt, kann das Ergebnis jedoch kaum überraschen: 1987, bei der ersten Untersuchung, galten Managementqualität, Ertrags- und Finanzkraft sowie das Preis-Leistungs-Verhältnis als elementar für ein gutes Unternehmensimage. Während sich die Managementqualität bis heute als stabiler Faktor behauptet hat, erscheinen die beiden letztgenannten Kategorien den befragten Führungskräften nur noch halb so gewichtig. Stattdessen prägen Wachstumsdynamik, Kommunikationsleistung und vor allem die Innovationskraft das Ansehen eines Unternehmens. Alles Features, die bei Porsche in den Zeiten von Wiedeking vorrangig und erfolgreich kultiviert werden.

Außerdem scheint es generell von Vorteil zu sein, wenn ein Unternehmen Autos baut: Auch DaimlerChrysler, BMW, Audi und VW gehören neben Porsche zum „Starclub der Wirtschaft"[2] und haben in der Untersuchung besonders gut abgeschnitten. „Kein zweites Industrieprodukt weckt in den Köpfen seiner Betrachter so farbenprächtige, träumerische Fantasien wie das Automobil"[3], davon ist man beim *manager magazin* überzeugt.

Und noch mehr als Autos liebe der Deutsche schließlich deutsche Autos. Warum Porsche? Wendelin Wiedeking soll das Rätsel bei der Siegesfeier gelöst haben: „Liebe Wettbewerber, auch Ihr baut schöne Automobile. Aber so wenig Nutzen wie ein Porsche kann so schnell keiner in die Waagschale werfen."[4]

Der schöne Schein

Nutzlosigkeit als Markenzeichen – es ist die Wahrheit, als Scherz verkleidet, und an anderer Stelle hat es Wiedeking auch genauso gesagt: Niemand benötigt einen Porsche, wenn er einfach nur ein Auto braucht, mit dem er von A nach B gelangen will. Wer einen Porsche kauft, erwirbt einen Mythos, will Emotionen reproduzieren, leistet sich etwas eigentlich „Unvernünftiges". Image spiegelt für Porsche dann auch nicht allein die Identität wider, sondern stellt das Fundament für den langfristigen Erfolg einer Marke, also einen ganz entscheidenden Wettbewerbsfaktor dar. „Image aufzubauen oder zu verteidigen wird daher zu einer der zentralen Aufgaben eines jeden Unternehmens werden."[5]

Es passt in diese Zeit, dass sich die Produkte selbst nicht oder nur kaum noch voneinander unterscheiden und ihr Wert überwiegend darin liegt, dass jemand sie unbedingt haben will. „Der Reflex auf eine Zeit, in der nichts mehr wirklich neu ist und nichts mehr wirklich gut, in der die richtige Meinung zur Stilfrage schrumpfte, Kultur zur Show, Politik zum Effekt, ja, wirklich zur Geschmackssache, dieser Reflex war ein Crossover von Einfach-Allem und Irgend-Jedem: Da wird gesampelt und zitiert, geklaut und kopiert."[6] Kein Wunder, dass das konsumierende Volk sich dankbar zeigt, wenn jemand diesen schweren ausgefransten Vorhang zur Seite schiebt und glaubwürdig um Vertrauen wirbt: Der Konsument genießt – und kauft.

Die Glaubwürdigkeit wird dabei zum entscheidenden Merkmal. Und obgleich die Imageprofile des *manager magazins* eine Vielzahl von Kategorien aufweisen und „Image" bewertbar machen: Glaubwürdigkeit lässt sich weder messen, noch gibt es allgemein gültige Regeln, wie man sie am besten herstellt. In jedem Fall aber lassen sich Attribute wie Freiheit, Ehrlichkeit oder Fortschritt sehr viel leichter durch ein Unternehmen als durch ein Produkt repräsentieren. Mehr noch: Oft sind sie ausschließlich durch das Unternehmen zu transportieren und strahlen auf das Produkt und eben den Käufer ab. Und weil es in diesem Zusammenhang nicht um Fakten, sondern um Gefühle geht, ist eine starke glaubwürdige Person, die diese Werte verkörpert, an der Spitze eines Unternehmens besonders effektvoll. Wie bei Porsche eben. „Wiedeking ist der imponierstarke Cowboy hiesigen Unternehmertums: äußerlich eher ein Antiheld, doch innerlich hart wie Kieselstein. So was kommt an bei der deutschen Führungskraft. Wie Wiedeking möchte auch sie sein – schnittige Firma, gute Presse, scharfe Autos."[7]

Es wäre offenkundiger Blödsinn, dem Produkt Porsche absprechen zu wollen, dass es über diverse objektiv vorhandene Merkmale verfügt, die es von einem anderen Auto unterscheiden. Ein Porsche kann sich von den meisten anderen Autos mühelos abgrenzen. Und die Kriterien, nach denen die Abgrenzung erfolgt, sind möglicherweise genau diejenigen, weswegen Porsche-Käufer Porsche kaufen – dazu zählen Geschwindigkeit und Sound ebenso wie die hochwertige Ausstattung und die Eigenschaft, Luxus zu symbolisieren.

Die Markenpolitik von Porsche ermöglicht es den Käufern jedoch, diese gesellschaftlich eher stigmatisierten Features in vollen Zügen zu genießen, da zugleich modernere Werte wie Redlichkeit, Innovationsfreude und klare Identität durch die Marke vertreten werden. Das kann die Kaufentscheidung zugunsten von Porsche ganz ungemein fördern, hat man in Zuffenhausen festgestellt. Das Fahrzeug gilt nun nicht mehr ausschließlich als eine Art mobiles Viagra *(brand eins)*, sondern ist gesellschaftlich akzeptiert. Der Käufer erhält dadurch mehr Wert – im Wortsinne.

Was Werbung bringt (nicht viel)

Es gibt immer mehr Werbung, immer mehr Produkte und letztlich immer weniger Unterschiede zwischen diesen. Allein im Lebensmittel-Einzelhandel kommen jedes Jahr knapp 30.000 neue Artikel auf den Markt; jährlich werden mehr als doppelt so viele, nämlich über 60.000 Marken in Deutschland auf sämtlichen Kanälen und in allen Medien beworben. Gleichzeitig erkennen die größten deutschen Brauereien bei einer Blindverkostung nicht einmal ihr eigenes Produkt. „Faktische Produktunterschiede schmelzen dahin; und kommt einmal eine echte Innovation auf den Markt, ziehen die Wettbewerber meist innerhalb weniger Monate nach"[8], wissen die Werber und Marketingexperten Andreas Buchholz und Wolfram Wördemann.
Beispiel: Nahezu jedes Waschmittel wird heute als Pulver, flüssig, als „Perls" und als „Tabs" angeboten; außerdem voll, fein, farbschonend und neuerdings auch mit eingebautem Bakterienkiller. Eine Marke, oft die teure traditionsreiche, legt mit neuen Aufmachungen vor; die anderen folgen oft im Wochenabstand und die Regale quellen über.
Wirksame, genauer: in ihrer Wirkung berechenbare Markenstrategien zu entwickeln, wird immer komplizierter. Der Automobilgigant Henry Ford soll einmal gesagt haben: „Die Hälfte des Geldes, das für Werbung ausgegeben wird, ist zum Fenster hinausgeworfen – unklar ist nur, welche Hälfte es ist."[9] Solch launige Mutmaßungen sind mittlerweile durch wissenschaftliche Untersuchungen bestätigt worden. Und die legen nahe, dass die Fifty-fifty-Aufteilung in Sachen Effektivität tatsächlich annähernd der Realität entspricht. „Für Markenkampagnen werden Millionen-Investitionen getätigt, ohne deren betriebswirtschaftlichen Erfolg einschätzen zu können."[10]
In keinem anderen Unternehmenszweig säße unter diesen Voraussetzungen das Geld dermaßen locker. Werber hingegen

entziehen sich gelegentlich ganz gern grundsätzlich diesem Vergleich und der Frage nach ihrer Effizienz. Die einen vertreten die Auffassung, Werbung sei Kunst, ihrem Auftrag nach kulturell ausgerichtet und ziele nicht allein auf den schnöden wirtschaftlichen Erfolg einer Marke ab. Kinos und Fernsehshows nehmen beispielsweise besonders „kultige" Werbesports auch in ihr abendfüllendes Programm auf.
Andere Werber hingegen verweisen fast ausschließlich auf die Langzeitwirkung einer Kamapagne; Werbung sei eine langfristige Investition in den „Markenkern" und statistisch nicht messbar. Auch diese Ansicht sei mittlerweile wissenschaftlich untersucht und – widerlegt, sagen Buchholz und Wördemann: Eine langfristig erfolgreiche Kampagne wirke sich immer auch kurzfristig aus. Oder umgekehrt: Ohne Sofortwirkung kein Langzeitnutzen – also gar kein Effekt.[11]
Mitte der 1990er-Jahre, als bei Porsche noch einmal der Dollarkurs auf Umsatz und Gemüt drückte, steckte Porsche nach Informationen der *WirtschaftsWoche* mehr als zehn Millionen Mark in die laufende Fernseh- und Anzeigenwerbung.[12] Und schmeichelte potenziellen Kunden mit intelligenten Slogans wie: „Was gibt es schöneres, als am offenen Feuer zu sitzen?" Nicht bekannt ist, welche Hälfte des Geldes dabei zum Fenster hinausgeworfen wurde.

Aufbauarbeit

Es kann an dieser Stelle keine Einführung ins klassische Marketing erfolgen und auch nicht die Überprüfung der entsprechenden Instrumentarien auf ihre Wirksamkeit. Es soll jedoch ein Modell skizziert werden, das angeblich dem Bedürfnis nach nachvollziehbarer Effizienz gerecht wird. Buchholz und Wördemann haben Struktur und Wirkung der erfolgreichsten von mehr als 20.000 Markenkampagnen untersucht – rund 1.000 aus verschiedenen Ländern und Branchen – und daraus einen „Wachstumscode für Siegermarken" extrahiert, der für Produkte und Dienstleistungen gleichermaßen gilt. Unter Wachstumscodes verstehen die Autoren dabei „universelle Gesetzmäßigkeiten, mit denen man im Kopf des Verbrauchers jenen ‚Klick' auslöst, der zum Kauf animiert."[13] Wie sprechen die Großen, etwa Coca-Cola, Marlboro oder McDonald's, ihre Kunden an, sodass diese nicht widerstehen können? Und: Ist diese Art und Weise reproduzierbar?

Das Modell von Buchholz und Wördemann unterscheidet bei den Zugangsmöglichkeiten zum Kopf des Konsumenten fünf verschiedene Portale.

- *Nutzen und Vorteil: Die Marke bietet dem Kunden einen einmaligen Nutzen, der auch rein virtuell sein kann.*

- *Normen und Werte: Die Marke ermöglicht es dem Verbraucher, einen inneren Konflikt zu vermeiden oder zu lösen.*

- *Wahrnehmung und Programmierung: Die Marke entspricht exakt einer „programmierten" Ausrichtung des Käufers.*

- *Identität und Selbstdarstellung: Eine Marke erlaubt es dem Kunden, seine tatsächliche oder gewünschte Identität zum Ausdruck zu bringen.*

- *Emotionen und Liebe: Der Verbraucher findet eine Marke nicht lediglich sympathisch – er liebt diese Marke.*

Auf welche Weise ein Unternehmen über eines dieser Portale in den Kopf des Konsumenten vordringen kann, erläutern die Marketing-Experten an vielen Beispielen. Zum Teil liegt die Lösung eines Marketingproblems ausgesprochen nahe – durch die Verschiebung eines Produkts in eine andere „Schub-

Autos, vor allem besondere wie ein Porsche, eignen sich jedoch vor allem dazu, Identität zu schaffen und auszudrücken.

lade" werden aus Nachteilen überraschend starke Vorteile (zum Beispiel: ein Fruchtsaftgetränk verliert gemessen an Säften, gewinnt gegenüber Limonaden).

Es liegt nahe, Porsche – den Mythos Porsche – anhand des oben genannten Kategoriensystems bei den Marken zu installieren, die der Verbraucher einfach liebt, die Sehnsüchte wecken. Autos, vor allem besondere wie ein Porsche, eignen sich jedoch vor allem dazu, Identität zu schaffen und auszudrücken. Und die Porsche AG nähert sich ihren Kunden eben genau auf dieser Schiene – und das sehr erfolgreich.

Sein wie ein Porsche

Zunächst einmal profitiert die Porsche AG davon, ein Monomarkenunternehmen zu sein. Das Entwicklungszentrum Weissach unterstützt diese Marke zwar erheblich, wendet sich selbst jedoch an einen gänzlich anderen Kundenkreis – an „Kollegen", nicht an Endverbraucher. Andere Ableger des Unternehmens, wie die Consulting GmbH, die sich aus der Beratertätigkeit während der Umstrukturierung entwickelte, firmieren unter demselben Namen (derselben Marke) wie die Automobilproduktion.

Als Imagekomponenten der Marke nennt der Vorstand zu Beginn der 1990er-Jahre: Performance, Sport, Styling und Robustheit. Und räumt zu diesem Zeitpunkt bereits ein, dass die Wettbewerber bei diesen entscheidenden Kategorien nicht nur aufgeschlossen, sondern überholt haben.[14] Porsche lebe vom 911er und habe seither auch kein neues Image hinzu gewonnen.

Im Gegenteil: „Der jüngste Ausflug in die gerade für einen Sportwagenbauer so wichtige Formel 1 geriet zum Fiasko des Jahrzehnts."[15] Und wirkte sich entsprechend imagetötend aus. Da kann es kaum verwundern, dass zu diesem Zeitpunkt auch die Markenloyalität vergleichsweise eher gering ist. Nur die Hälfte der 944er-Fahrer kauft wieder einen Porsche. „Der Rest fühlt sich vor allem bei Mercedes, Toyota, BMW und Honda wohler."[16] Sogar die Wiederverkaufsrate des 911er liegt mit knapp 55 Prozent kaum höher.

Also ist Umdenken angesagt – oder? Arno Bohn will im Sommer 1991 die Philosophie von Fahrspaß und Sportmaschine noch nicht aufgeben. Dass nahezu alle großen Hersteller einen Sportwagen im Programm haben, wertet er nicht als Signal zur Veränderung, sondern als Aufforderung zum Weitermachen.[17] Wendelin Wiedeking hingegen räumt Anfang 1993 gegenüber der Tageszeitung *Die Welt* ein, dass es eine Wende geben müsse zu einem anderen Lustgewinn als den durch PS und andere Grenzbereiche. „Unser Boxster ist ein Ideenträger, mit einer Vielzahl von Details, die genau in diese Richtung gehen."[18]

Mit dem Boxster wird außerdem ein weiterer Spagat gelingen: Weil er bewusst als preiswerteres Fahrzeug für die etwas breitere Masse ausgewiesen ist, darf er ruhig in größeren Stückzahlen (und in Teilauflagen sogar im Ausland) vom Band laufen, ohne dass dadurch eine Inflationierung der Marke droht. Für den Boxster gelten andere Regeln als für den Ur-Porsche 911. Es steht zu erwarten, dass sich diese Struktur mit Beginn der Produktion des dritten, geländegängigen Porsche stabilisiert: Statt dem Image der Marke durch die Überfrachtung eines vorhandenen Modells zu schaden, wird ein neues entwickelt, das die entsprechenden Features perfektioniert.

Und letztlich reguliert auch beim Boxster der Preis von über 75.000 Mark die Nachfrage; ein Allerweltsauto wird auch der Kleine nicht werden. Das passt dann ebenfalls perfekt zur Marke: „Wo wir Porsche draufschreiben, ist auch Porsche drin. Wir wollen exklusiv bleiben, das erwarten unsere Kunden. Sie wollen nicht aus einem Restaurant kommen und da stehen dann Wagen vor der Tür, wo sie erstmal die Nummernschilder durchgucken müssen, um festzustellen, welcher ihrer ist. Wir wollen eine eindeutige Identifikation zwischen Persönlichkeit und Produkt.[19]

Und ein Teil der erfolgreichen Identifikation, die dann in den Kauf eines Porsches oder Boxsters mündet, hat mit genau diesem hohen Preis zu tun. Es gehört zu den Binsenweisheiten im Marketing, dass hohe Preise hohe Qualität suggerieren. Wenn der Konsument den Preis als Zeichen für die dahinterstehenden Werte wahrnehmen kann, lassen sich eben Produkte auch teuer verkaufen.

Neben der Gewissheit, dass Qualität, Leistung, Material und alles andere besonders hochwertig sein müssen, strahlt dieses mutmaßlich Höherwertige auf den Käufer zurück. Dieser Prestigegewinn hängt dann immer auch mit einer Wahrnehmbarkeit durch Dritte zusammen. Daher lässt sich zum Beispiel Schmuck aus Platin sehr schwer verkaufen; Platin ist sehr teuer, sieht aber aus wie Silber oder gar Edelstahl.[20] Für Porsche ist die schmucke Optik aber bekanntlich kein Problem.

„Nun kann heute jede Automarke faktisch ein Premiummodell herausbringen, also ein Auto, das technisch hervorragend ist, das teuer ist und gut aussieht. Das allein aber garantiert noch keinen Eliteeindruck. Dieser hängt vielmehr davon ab, wie gut der elitäre Code beherrscht wird."[21] Denn trotz der Demokratisierung sämtlicher Lebensbereiche existieren zweifellos gesellschaftliche Schichten, bei denen die „Oberen" versuchen, sich von den „Unteren" abzugrenzen. Es gibt hierzulande zwar (fast) keine Elite-Universitäten, wie nicht allein Wiedeking be-

Wenn der Konsument den Preis als Zeichen für die dahinterstehenden Werte wahrnehmen kann, lassen sich eben Produkte auch teuer verkaufen.

dauert. Dennoch besteht eine Gesellschaftsschicht, eine Gruppe, die eine Elite bildet. Zum elitären Code von Produkten gehören neben anderen die Prinzipien der Ästhetisierung, Perfektion, beschränkte Zugänglichkeit, Authentizität, Individualität, das Experimentieren, Streben nach dem Neuesten, Akzeptanz von nicht funktionalen Elementen. Die Elite genießt zwar diesen Luxus, vermeidet es aber gleichzeitig, ihn öffentlich zur Schau zu stellen.

Damit das Marketing über solche Codes gut funktioniert, sollten diese auf möglichst vielen Ebenen Ausdruck finden: verbal, visuell, akustisch, musikalisch, grafisch, ästhetisch ... „Mercedes bildet einen anderen Markencode aus als BMW, und jede Äußerung von Mercedes und BMW muss in diesem Markencode erfolgen, das heißt, jedes Zeichenrepertoire, das benützt wird, muss die jeweilige Position wiedergeben. So fällt die Tür eines großen Mercedes mit einem satten, reichen ‚Plopp' zu, die Tür eines BMW mit einem harten, dynamischen Geräusch."[22]

Und die Tür eines Porsche? Bei diesem Fahrzeug, stellt Wolfgang Peters anlässlich von Porsches 50-jährigem Bestehen in der F.A.Z. fest, klinge sogar der Name des Gründers nach dem Ansaug- und dem Auspuffgeräusch eines luftgekühlten Motors. Und der Fahrer? „Er fühlte sich in einem Porsche unverwundbar, natürlich nicht auf die herausfordernde, grölende Art des Proleten, der jedem anderen gern seine Stärke mitteilt."[23] Und Peters erkennt eine grundlegende Faszination durch die Präzision und das Streben nach Vollkommenheit im Detail, durch die Mischung aus Tradition und Technik. Diese Faszination sei besonders stark in einer Zeit, die vorwiegend von Halbleitern und Rechnerbefehlen dominiert werde.[24]

Diese Mischung aus Tradition und technischer Modernität, das Abgebot eines individuellen Erlebnisses, das Auslösen von Emotionen, nicht von Gefühlsduselei, die Aufwertung des Alltagserlebnisses Autofahren zu einer täglichen Extraportion Freiheit – das alles spiegelt sich im gesamten Marktauftritt der

Es muss an dieser Stelle noch einmal gesagt werden, dass letztlich auch und gerade Wiedeking die Marke Porsche repräsentiert.

Porsche AG wider. Die Stuttgarter Telefonnummer 911-0 sowie der satte Sound der telefonischen Warteschleife sind dabei wichtige Details eines stimmigen Ganzen.

Es muss an dieser Stelle noch einmal gesagt werden, dass letztlich auch und gerade Wiedeking die Marke Porsche repräsentiert. Denn er steht für traditionelle Werte wie Ehrlichkeit, und Offenheit, ist gleichzeitig modern genug, um seinen Job auf Japanisch zu machen, wo möglich loyal, aber – wenn es sein muss – unerbittlich, umsichtig und euphorisch gleichermaßen. So wäre jede Führungskraft gern, nicht nur in Deutschland.

Beim Start Wiedekings war ja gelegentlich moniert worden, dass es ihm an Glamour fehle, dem Glanz, der dem Produkt zweifellos eigen ist. Glück für Porsche: Nun hat das Produkt etwas von der redlichen klaren Linie des Vorstandsvorsitzenden abbekommen und niemandem fehlt es noch an irgendetwas.

Tödlicher Umweltschutz

Eine Zeit lang gehörte es zum guten Ton in deutschen Unternehmen, möglichst oft und vernehmlich über die eigenen, hoffentlich freiwilligen Umweltschutzbemühungen zu berichten. Neben den strenger werdenden gesetzlichen Vorschriften unterwarf man sich mit Verve einem Öko-Audit, kürte betriebliche Umweltschutzbeauftrage und etikettierte alle möglichen Produkte mit den Attributen „öko", „bio" oder „natürlich". Die Porsche AG könnte sich das Öko-Etikett guten Gewissens aufkleben – das Entwicklungszentrum Weissach zeichnet für eine Reihe von umwelttechnischen Entwicklungen verantwortlich. Und in Relation zur Performance eines Sportwagens können sich die Emissions- und Verbrauchswerte eines Porsche durchaus sehen lassen. Das Unternehmen Porsche hat umweltpolitische Grundsätze festgelegt und Leitlinien für deren Umsetzung vereinbart. 1987 bestückte es sogar als weltweit erster Hersteller Rennfahrzeuge (aus der Serie 944 Turbo Cup) mit Katalysatoren.

„Porsche hat sich, ohne das für die Werbung zu nutzen, dem Umweltschutz stets vorrangig verpflichtet gefühlt", fasst Wiedeking im Gespräch mit der *Welt* zusammen. „Richtig ist, dass wir darüber zu wenig kommuniziert haben. Einen Sportwagen freilich in Verbindung zu einem Drei-Liter-Auto zu stellen, ist unsinnig. Mit unserer Abgastechnologie schaffen wir es aber dennoch, selbst bei Volllast, emissionsärmer zu fahren als so genannte Stadtwagen."[25]

Das Einzige, was daran nicht stimmt, ist die Feststellung, dies sei „zu wenig kommuniziert" worden. Dieser Themenbereich wurde mit Sicherheit sehr bewusst ausgeklammert; denn bei der Porsche AG vergisst man nicht, wirklich gute Argumente auch anzubringen. Nur trägt die „Umweltfreundlichkeit" von Produkten beziehungsweise von Produktionsverfahren heutzutage nicht mehr dazu bei, Pluspunkte zu sammeln. Im Gegenteil!

Bei den Imageprofilen des *manager magazins* ist die Umweltorientierung, dieser „Trendwert der 80-er", gänzlich in der Bedeutungslosigkeit verschwunden. Und langweilen möchte Porsche seine Kunden ganz sicher nicht. Schlimmer noch könnte sich aber die allgemein verbreitete Assoziation auswirken, dass umweltfreundliche Produkte in puncto Leistungsfähigkeit und Qualität weniger als die übrigen zu bieten hätten. „Von umweltfreundlichen Produkten erwarten die Konsumenten, dass sie weniger gute Leistungen erbringen – was oft auch eine ideologische Konstruktion ist: Sie können gewissermaßen gar nicht so gut sein wie die durch reine Technologie und Wissenschaft erzeugten."[26]

Porsche tut demnach gut daran, sein Engagement in Umweltschutzdingen nicht über Gebühr zu kommunizieren. Auf der Website des Unternehmens findet jeder Interessierte die entsprechenden Informationen. Das mag manche, die an der ökologischen Verträglichkeit von Sportwagen zweifeln, beruhigen. Zweifellos gehört dies aber auch zu einer vollständigen Präsentation des Unternehmens. Und stärkt außerdem den Eindruck, dass man es bei Porsche auch mit Details ganz genau nimmt. Und das kann nicht schaden.

Niemand jedoch kauft einen Porsche, weil das Unternehmen so wahnsinnig umweltfreundlich arbeitet. Und niemand weiß das so genau wie Wiedeking. Sollte Umweltschutz sich erneut als Trendwert erweisen, würde sich auch Porsches Kommunikationsfrequenz in diesem Bereich ändern – mit Sicherheit. Da machte es sich schon um einiges besser, dass Wiedeking mit dem Grünen Joschka Fischer ausgerechnet den „Todfeind der Autoindustrie" zum 50-jährigen Firmenjubiläum 1998 einlud. Fischer war damals noch nicht zum Bundesaußenminister ernannt, trug demnach noch keine dreiteiligen grauen Anzüge und nahm so oder so kein Blatt vor den Mund. Politiker von CDU und F.D.P. sollen damit gedroht haben, die Veranstaltung zu boykottieren.

Es hätte ein Eklat werden können, doch es wurde ein absoluter Erfolg. Joschka Fischer gebärdete sich nicht grantig und ungezogen, sondern eloquent und witzig, beobachtete der *Spiegel,* der die andere Variante vielleicht unterhaltsamer gefunden hätte. Auf die Frage, wie er sich als Grüner bei Porsche fühle, habe Fischer launig retourniert: wie ein Atheist beim Vatikan. „Und die Berichte über das Fest verbreiteten die Botschaft: Porsche ist weltoffen und kein verbohrter Verein von Wahnsinnigen, die nur Tempo 280 fahren wollen."[27]

„Porsche ist weltoffen und kein verbohrter Verein von Wahnsinnigen, die nur Tempo 280 fahren wollen."

Wie die anderen auch

Und auch folgende Erfahrung bestätigt Wiedeking letztlich in seiner Haltung der Umweltthematik gegenüber: Selbst eine Organisation wie der World Wildlife Fund (WWF) setzt bei Kampagnen mittlerweile schon mal auf Understatement statt auf die direkte und wortgewaltige Verbreitung unbestrittener sowie weltbewegender Tatsachen. Und setzt einen Star an die Spitze der Bewegung. Sein Name ist Bond, James Bond ... Ein Plakat, mit dem für das Label FSC (Forest Stewardship Council) geworben wird, zeigt Pierce Brosnan. Das Plakat in Schwarzweiß trägt den Slogan: Words are not enough – und erinnert garantiert nicht zufällig an den Titel des entsprechenden Agentenfilms. Handeln statt Reden, lautet die Botschaft. Vielleicht ist damit auch gemeint, dass man am besten so schnell und umfassend handelt wie Agent 007.
Statt mit Argumenten also machen hier selbst berufsmäßige Umweltschützer mit ganz anderen, sehr modern anmutenden Mitteln auf die Möglichkeit aufmerksam, unter dem Label FSC Holz kaufen zu können, das aus umwelt- und sozialverträglicher Waldnutzung stammt. Möbel aus solchem Holz werden mit diesem Label gekennzeichnet. Es ist bekannt, dass der WWF und andere Umweltschutzorganisationen sehr wohl Schwierigkeiten haben, mit ihren Anliegen heute noch angemessene Resonanz hervorzurufen. Und es ist nahe liegend, dass eine Organisation wie der WWF sehr wohl weiß, warum er sich nun der Helden der modernen Zeit bedient – so wie Tierschutzorganisationen erfolgreiche Models für ihre Kampagne gegen das Tragen von Pelzen gewinnen konnten, ausgerechnet.
Sollte dieser Prozess in einigen Jahren einen neuen Trendwert „Umweltbewusstsein" herbeiführen, wird sich Porsche sicherlich eine andere Strategie in diesem Komplex einfallen lassen. Schließlich fährt auch James Bond besonders exklusive, schnelle Autos. Ob das in einem der gewiss noch zahlreichen

folgenden Filme aber jemals ein Porsche sein wird, ist nicht bekannt.

Die Marke bin ich

Es war nicht Wendelin Wiedekings Erfindung, eine Marke als Unternehmer zu repräsentieren. Der Marketingexperte Heinz-Joachim Simon schreibt in seinem Buch „Die Marke ist die Botschaft" (*Marketing-Journal:* Hamburg 1997), dass dies stets der Fall ist oder zumindest sein sollte. Und dass diese Konstellation nicht gerade sehr modern ist, sondern vielmehr den traditionellen Unternehmern eigen gewesen war. Simon sieht jedoch keine Wechselwirkung zwischen Marke und Idee, wie es sie bei Porsche mit Sicherheit gibt. Er meint, dass Unternehmer wie Krupp, Siemens oder Daimler ihre Firmen führten, indem sie ihre Persönlichkeit verwirklichten, ihre eigenen Ideen realisierten. Das muss allerdings für Wiedeking bei Porsche anders gewesen sein, schließlich hat er dort bereits eine Situation und auch eine Marke vorgefunden. Es gab also wohl zumindest eine Grundsatzentscheidung für das Vorhandene, auf dem etwas ganz Neues errichtet werden sollte. Und bei dem letztlich doch die meisten Bestandteile gegen gänzlich andere ausgetauscht worden sind.

Heinz-Joachim Simon ist seit Mitte der 1970er-Jahre Mitinhaber beziehungsweise Geschäftsführender Gesellschaft einer Agentur für Werbekommunikation in Stuttgart, die Unternehmen dabei unterstützt, Markenlegenden zu werden und zu bleiben. Simon plädiert in seinem Buch dafür, in der Markentechnik den Beginn einer anspruchsvollen Freundschaft zu sehen und formuliert „Gesetze", die zum Erfolg führen sollen: So braucht die Marke ein Ziel. Sie lebt durch Persönlichkeiten und eine starke Idee. In jedem Fall muss sie sympathisch sein. Eine Marke ist auf Kontinuität ebenso angewiesen wie auf ständige Investitionen und sie darf das Vertrauen, das

man ihr entgegenbringt, nicht enttäuschen – muss also echter Partner sein, kein Trugbild.
Simon weiß außerdem, welche zentrale Rolle der Unternehmer mit seiner Persönlichkeit beim Aufbau einer Marke spielt. Er beschreibt die grundlegenden Voraussetzungen, die gegeben sein müssen, damit sich der persönliche Einsatz des Unternehmers tatsächlich positiv für das Image der Marke und des Unternehmens auswirkt. Wendelin Wiedeking scheint alle diese Voraussetzungen zu kennen. Er wird nicht von ungefähr häufig mit den Firmenpatriarchen der Nachkriegsära verglichen, deren Grundhaltung er reflektiert. Zudem verwirklicht er neben modernen Methoden wie dem Lean Management auch die traditionellen Ideen der alten Herren.

Er wird nicht von ungefähr häufig mit den Firmenpatriarchen der Nachkriegsära verglichen, deren Grundhaltung er reflektiert.

Auch heute muss Führung eine Idee vermitteln, diese also vorleben. Menschen orientieren sich zwar immer mehr in Richtung Freizeit, fragen sich aber dennoch oder gerade deshalb im Job ständig „Warum bin ich hier?". Wer seinen Mitarbeitern darauf keine Antwort geben kann, wird sie nicht ausreichend motivieren können. Letztlich sind auch die vielen Bücher über Management, die geschrieben, veröffentlicht und zum Teil auch gelesen werden, Ausdruck dieser Sinnsuche. Und sie sind ein Indiz dafür, dass den Unternehmen etwas Entscheidendes fehlt: eine Identität.

Dabei ist die Marke nicht als starres Gebilde, sondern als lebendiges Wesen zu betrachten. Dem Unternehmensführer kommt die Aufgabe zu, das Lebendige dieser Marke tatsächlich zu erhalten. Er muss dafür sorgen, dass sämtliche Beschäftigten sich an der „Pflege" dieses Lebewesens beteiligen können und wollen. Und sich dafür verantwortlich fühlen. Denn erst dann, wenn auch die Mitarbeiter diese Idee aus

Überzeugung und Zugehörigkeitsgefühl konsequent repräsentieren, kann sie im Rahmen der Imagepflege nach außen erfolgreich umgesetzt werden.

Ein solcher Leitgedanke, der in der Marke Ausdruck findet, muss von Ethik und Moral getragen werden. Simon ist überzeugt, dass sich diese ideellen Werte heute – noch oder wieder – ganz vortrefflich als Verkaufsargumente eignen (und Porsche stellt das ja unter Beweis). Wer im Markt bestehen will, muss sogar genau diese Glaubwürdigkeit ausstrahlen. Altmodisch? Ja und nein. Diese Werte werden, gerade in den Zeiten von Bits und Bites, Individualität und Gleichgültigkeit, Hightech und Massenfertigung wieder aktuell und sollten daher auch in ein modernes Kommunikationskonzept integriert werden.

Die Marke selbst, meint Simon, ist dagegen eine Persönlichkeit, die wiederum durch das Wirken von Persönlichkeiten ihren Charakter erhält. Der Unternehmensleiter steht dabei in der Pflicht, im Unternehmen eine Philosophie zu installieren, die an die „Sinnfrage" der Konsumenten anknüpft und suggeriert, man könne sie beantworten. Die Marke muss die Kompetenz ausstrahlen, dass sie selbst oder aber das Unternehmen, für das sie steht, durchaus in der Lage ist, die notwendige Orientierung zu ermöglichen.

Hinzu kommt, dass die Idee hinter einer Marke kontinuierlich vorgelebt werden muss. Die Inhalte sind weder zu dozieren noch zu verordnen. Der Führer des Unternehmens, der sich (zu welchem Teil auch immer) in einer Markenidee verwirklicht, übernimmt daher die Aufgabe, diese als Vorbild zu vermitteln. Dennoch sind Marke und Image nicht einfach Abbild einer Unternehmerpersönlichkeit und von dessen Idee. Zwar prägt und vertritt der Unternehmer die Grundhaltung, doch muss zudem der Inhalt in all seinen Facetten bewusst ermittelt und ausdrücklich festgeschrieben werden. Zur Entscheidung steht nicht, wie der Käufer den Unternehmensleiter zu sehen hat, sondern welche Ansprüche ein Kunde an das Unternehmen herantragen soll und kann. Hierbei entstehen Fragen, die zu selten bewusst gestellt und mit aller Deutlichkeit beantwortet werden: Wofür stehen wir? Und wo wollen wir hin?

Der Ist-Zustand, das heißt die aktuelle Situation einer Marke mit ihren Schwächen, Stärken und Besonderheiten, kann im Team ermittelt werden – sicher wissen eine Reihe von Mitarbeitern etwas Sinnvolles beizutragen. Simon vertritt jedoch die Überzeugung, dass die letztendliche Entscheidung über die Aussage einer Marke allein vom Unternehmensleiter getroffen werden kann und muss – da er es ist, der diese Identität tatsächlich zu vertreten hat. Er repräsentiert das, wofür das Unternehmen steht.

Eine geeignete Kampagne besteht in einem ausgeklügelten System von immer neuen Impulsen und kongruenten Botschaften; zugleich bedarf es einer Möglichkeit, von der Grundbotschaft abweichen zu können – nur so wirkt es wie im richtigen Leben. Und genau das soll die Marke beziehungsweise ihr Repräsentant tun: Die Lebendigkeit einer Idee vermitteln.

Zudem gilt es, die vereinbarten Grundbotschaft ebenso im Unternehmen zu kommunizieren wie beispielsweise die Zielvereinbarungen zur Senkung der Kosten und zur Steigerung der Effektivität. Sämtliche Maßnahmen und Instrumente der Firmen- oder Produktwerbung, der Verkaufsförderung oder Public Relations müssen, wie es neudeutsch heißt, die gleiche „tonality" besitzen. Auch hier erweist es sich als Voraussetzung zum Erfolg, dass sämtliche Angehörige des Unternehmens auf eine Idee eingeschworen und in diese Philosophie eingebunden sind. Man könnte es auch, ganz ketzerisch und so wie früher, „sich einordnen" nennen.

Es wird wohl zu Recht als typisch deutsch eingeschätzt: Kommt die Rede auf das Image, fällt auch bald der

Kommt die Rede auf das Image, fällt auch bald der Begriff „Qualität".

Begriff „Qualität". Gelegentlich erfüllt dieses Thema die Funktion einer Rauchbombe, mit deren Hilfe eventuell doch vorhandene Mängel oder gestalterische Langeweile unsichtbar gemacht werden sollen. Qualität entwickelte sich zum Kern von Managementtheorien und zum Leitbild, manchmal auch tatsächlich in der Praxis. Nicht wenige Unternehmen halten noch heute eine Zertifizierung nach ISO für ein ausreichendes Qualitätsmerkmal – ohne die Qualität unabhängig von solchen Kategorien zur Chefsache zu machen. Tatsächlich aber ist dieses Etikett häufig ein Schwindel, weil kein beziehungsweise kaum ein Inhalt dahintersteht – zumindest dann nicht, wenn Qualität lediglich beschworen wird statt sie tatsächlich sichtbar zu machen. Analog dazu empfiehlt Simon, dass sich die Markenidee eines Unternehmens ohne viele Worte in der Gestaltung der Produkte, im Handeln der Mitarbeiter, im gesamten Firmenauftritt ausdrücken sollte.

Als die beiden größten Feinde der Marke erkennt der Marketingexperte Ungeduld und Gewöhnung. Der Leiter des Unternehmens hat einerseits die Kontinuität in der Markenführung sicherzustellen, selbst wenn sich Erfolge nicht so schnell zeigen wollen. Andererseits muss er Kontinuität bewahren, aber auch neue Impulse geben, um keinen Gewöhnungseffekt eintreten zu lassen oder sich darüber hinwegzusetzen. Wichtig ist dabei vor allem, dass die Marke offen genug ist für Ereignisse und Veränderungen, die tatsächlich innerhalb des Unternehmens stattfinden könnten.

Oft stehen hinter starken Marken Unternehmerpersönlichkeiten, die ihren Charakter eingebracht haben. Das Image eines Unternehmens wird also tatsächlich in großem Ausmaß von einem Leiter wie Wiedeking beeinflusst und gestärkt, was auf keinen Fall unterschätzt werden darf. Dieses Potenzi-

Das Image eines Unternehmens wird also tatsächlich in großem Ausmaß von einem Leiter wie Wiedeking beeinflusst und gestärkt.

al nutzen Unternehmen offenkundig nicht sehr häufig; möglicherweise auch deshalb nicht, weil dies an der Spitze gigantischer Konzerne sehr viel schwieriger ist als für Wiedeking in Zuffenhausen. Dabei sind die Grundlagen – die „Gesetze" der Markentechnik, wie sie Simon nennt – nicht besonders kompliziert. Allerdings verlangen sie ein sehr hohes Maß an Integrität und vor allem auch eine unternehmerische Grundeinstellung.

Image pflegen

◆ *Kerngeschäft. Der Aufbau eines guten Images, sagt Wiedeking, gilt als zentrale Aufgabe des Unternehmens. Und der Porsche-Chef sagt ja immer, was er meint. Außerdem ist er stets ein gutes Vorbild; seine öffentlichen Stellungnahmen zur Politik im Allgemeinen und zu den Subventionszahlungen an gut situierte Branchenkollegen im Besonderen haben seine Glaubwürdigkeit und das Image der Marke Porsche sehr gestärkt. Die Porsche AG und ihr Vorstandsvorsitzender repräsentieren sämtliche Eigenschaften, die heute für ein gutes Image nützlich sind: Managementqualität, Wachstumsdynamik, Kommunikationsleistung und Innovationskraft – Porsches Kernkompetenzen, sozusagen.*

◆ *Glaubwürdigkeit. Es gibt immer mehr Produkte mit immer weniger Unterschieden auf dem Markt. Die Unternehmen versprechen sich von Werbekampagnen, dass diese für die Unverwechselbarkeit sorgen; doch kann die Wirksamkeit solcher Kampagnen allemal in Zweifel gezogen werden. Sicher hingegen ist: Der Preis – für welchen Effekt auch immer – ist garantiert hoch. In diesem Zusammenhang wird das Vertrauen in eine Marke immer wichtiger für eine Kaufentscheidung. Und obgleich sich ein Porsche sogar von anderen schnellen Autos unterscheidet, strahlt die Glaubwürdigkeit des Porsche-Chefs allemal umsatzfördernd auf die Fahrzeuge ab.*

- *Details. Stimmt schon, es ist an anderer Stelle lobend erwähnt worden, dass Wendelin Wiedeking sich nicht mit Einzelheiten aufhält, sondern das große Ganze im Blick hat. Im Zusammenhang mit der Markenpolitik aber ist jedes Detail wichtig; das weiß man auch bei Porsche und verhält sich entsprechend. Der Sound, den Anrufer bei Porsche (unter der Stuttgarter Rufnummer 911-0) in der Warteschleife hören, lässt ebenso Rückschlüsse auf das Produkt zu wie das Fehlen von inflationärer Anzeigenwerbung oder die absolut schnörkellose Schrifttype beim Internetauftritt. Wer nun meint, dass man vieles nicht bewusst wahrnehme, hat Recht. Das Unterbewusstsein ist aber mindestens genauso wichtig.*

- *Etikettenschwindel. Im Vergleich mit anderen Autos und in Relation zur Performance eines Porsche arbeiten die schnellen Schönen aus Zuffenhausen weit weniger umweltschädlich. Im Porsche-Entwicklungszentrum wurden außerdem eine Reihe umwelttechnischer Verbesserungen entwickelt, während sich das Unternehmen mit Grundsätzen und Leitlinien dem Umweltschutz verpflichtet hat. Das ist lobens-, aber scheinbar kaum erwähnenswert, denn Porsche hängt dieses Engagement nicht an die große Glocke. Aus gutem Grund: Öko ist als Trendthema vollkommen abgemeldet. Falls sich das ändern sollte, wird sich Porsche sicher auch auf diesem Sektor zu Wort melden.*

Anmerkungen

1 „Die Meinung belohnt die Mutigen" in: *manager magazin* 2/2000.
2 Ebd.
3 Ebd.
4 „Echte Glanzleistungen" in: *manager magazin* 3/2000.
5 Pressemitteilung der Porsche AG vom 19. Januar 2000.
6 „So gut wie Bargeld" in: *manager magazin* 2/2000.
7 „Heimat, deine Sterne" in: *manager magazin* 2/2000.
8 Buchholz, Andreas/Wördemann, Wolfram: Was Siegermarken anders machen. München/Düsseldorf 1998, S. 19.
9 Ebd.
10 Ebd., S.14.
11 Ebd., S. 16.
12 „Am offenen Feuer" in: *WirtschaftsWoche* 13/1995.
13 Ebd.
14 „Die Salzburg-Connection" in: *manager magazin* 10/1991.
15 „Ende der Legende" in: *WirtschaftsWoche* 10/1992.
16 „Die Salzburg-Connection", a.a.O.
15 „Ein deutsches Sportidol soll wieder auf Touren kommen" in: *Die Welt,* 16. Juli 1991.
18 „Wer das Tempolimit fordert, macht das Geschäft der Japaner" in: *Die Welt,* 29. März 1993.
19 „Das ist eine Lachnummer" in: *Die Woche* 32/1997.
20 Karmasin, Helene: Produkte als Botschaften. Wien 1998, S. 231.
21 Ebd., S. 315.
22 Ebd., S. 489.
23 „Das einzige Auto, das so fährt, wie es heißt" in: *Frankfurter Allgemeine Zeitung,* 2. Juni 1998.

24 Ebd.

25 „Wer hier Produkte verkauft, soll auch Arbeitsplätze schaffen" in: *Die Welt,* 18. März 1996.

26 Karmasin, Helene, a.a.O., S. 226

27 „Die Bombe tickt" in: *Der Spiegel* 21/1999.

Leidenschaft wecken

„Die Begierde vergrößert das, was man haben will."

Friedrich Wilhelm Nietzsche

Individualität

Wiedeking hat also offenbar erkannt, dass Welt und Menschheit nicht nur aus Schwarz und Weiß bestehen, dass es Zwischentöne und Überraschungen gibt, dass es sich lohnen kann, Andersdenkenden Gesellschaft sowie ein Forum anzubieten. Er ist eben keiner, der sich mit den „richtigen" Leuten umgibt und darauf wartet, dass sich das auszahlt.

Wer sich in Gefahr begibt, das hat Wiedeking in den vergangenen Jahren selbst erlebt, kommt eben doch nicht zwangsläufig darin um. Vor allem, wenn man ihr auf Wiedekings Weise begegnet: Er geht einfach direkt auf sie zu.[1] Wahrscheinlich würde Porsches Vorstandsvorsitzender sowieso zurückweisen, dass es sich um gefährliche Situationen gehandelt habe und sie, wie üblich, „Herausforderungen" nennen – und die mag er ja besonders.

Letztlich bleibt sämtlichen Unternehmen heute auch gar nichts anderes übrig, als sich den Herausforderungen zu stellen. Die wirtschaftlichen und gesellschaftlichen Umwälzungen, die durch die Informations- und Kommunikationstechnologie verursacht werden, ähneln in ihren Ausmaßen denen der Industrialisierung: Sie sind gewaltig. Eine wirklich neue Erkenntnis ist das schon seit längerem nicht mehr; dennoch wird sie von vielen Unternehmen erst langsam realisiert – oder noch immer ignoriert.

Sie sollten sich beeilen: Es reicht bei weitem nicht aus, zu wissen, wie man Internet buchstabiert, eine Website einzurichten und E-Mail-Bestellungen von Kunden binnen Wochenfrist zu bearbeiten. Auch die viel beschworene Kundenorientierung kann nicht damit erledigt sein, dass die Mitarbeiter sich am Telefon mit Vor- und Zunamen melden und sich selbst für harsche Reklamationen herzlich bedanken.

Es ist das Bild einer Welt entstanden, in der alles für jeden möglich ist – und das immer und unglaublich schnell. Diesem Weltbild entspricht der mündige Bürger und Konsument als Individuum, dem seine individuelle Entscheidung als höchste Legitimation gilt. Er ist kein Konsumäffchen mehr, das die Banane greift, die man ihm vor die Nase hält – es sei denn, die Frucht sieht ganz besonders reif und lecker aus. Und auch kein durchsozialisiertes Wesen, das ausschließlich die Dinge besitzen will, die alle haben – es sei denn, „alle" bedeutet weltweit 17 Menschen. Wer auf sich selbst gestellt ist und für sich selbst gerade steht, äußert auch individuelle Ansprüche. Und lernt, dass er ein Recht auf deren Erfüllung hat.

Das Vertrackte dabei ist jedoch, dass der Wunsch, tatsächlich die Wahl zu haben, gleichsam zu einer Verpflichtung wird. In einer individualistischen Gesellschaft mit ihren Wahlmöglichkeiten hat sich das Risiko von Fehlentscheidungen entsprechend erhöht. Und jede dieser Fehlentscheidungen muss man dann mehr oder minder ausschließlich auf sich selbst zurückführen. Auf diese Weise kann uneingeschränkte Auswahl letztlich zu einem Verlust an positiven Gefühlen führen, weil nicht nur die Fehlentscheidung unangenehm ist, sondern bereits das Bewusstsein, eventuell eine solche zu treffen. „Die Forderung nach Wahlmöglichkeiten führt zu einer großen Komplexität in vielen Feldern, so dass man nach einer intelligenten Reduktion der Komplexität verlangt."[2]

Daraus entwickelt sich eine Sehnsucht nach Instanzen, denen man vertrauen kann. Dieses Gefühl entsteht in langfristigen Beziehungen, durch persönliche Bekanntschaft, eine gemeinsame Sprache und Kultur. Und: „Man vertraut eher jemandem, der klar und invariant erkennen lässt, wofür und wogegen er ist, wofür er steht – erst dies macht ihn berechenbar."³ Porsche profitiert also von dieser Sehnsucht. Wiedekings geradlinige Art lässt ihn als Repräsentanten der Marke „Porsche" zu einer vertrauenswürdigen Instanz werden, umso mehr, als er dieses Vertrauen auch in „sachfremden" Debatten gewinnen kann. Äußerte er sich ausschließlich zur Verkehrspolitik, könnte man ihn schnell als Lobbyisten seiner Branche identifizieren. Durch seine klaren und kaum zunfttypischen Aussagen zu Themen der Wirtschafts- und Gesellschaftspolitik hingegen stärkt er seine – und Porsches – Glaubwürdigkeit. Wiedeking weiß das. „In einer Kommunikationsgesellschaft muss man Themen notgedrungen in die Öffentlichkeit tragen, um etwas zu bewegen. Wie man sieht, schadet es uns ja nicht. Im Gegenteil: Das Image von Porsche hat von unserer Gradlinigkeit profitiert."⁴

„Man vertraut eher jemandem, der klar und invariant erkennen lässt, wofür und wogegen er ist ..."

Visionen

Vertrauen sei der Anfang von allem, hat sich ein großes Kreditinstitut einmal als Werbeslogan auf die Fahnen geschrieben. Ob die Beschwörungsformel nützt? Das Ansehen von Banken, Versicherungen und auch des Baugewerbes ist laut Image-Untersuchung des *manager magazins* stetig zurückgegangen. Für Wiedeking stellt Vertrauen sowieso keinen Anfang dar, sondern ein Ergebnis – das Resultat harter Arbeit nämlich. Der Porsche-Chef wählt als Ausgangspunkt lieber eine Vision. Und wünscht sich, dass andere Unternehmer in Deutschland diesem Beispiel folgen. „Wir brauchen mehr dynamische Un-

Dennoch tun sich gerade deutsche Unternehmen außerordentlich schwer, eine Vision zu entwickeln.

ternehmer mit Visionen. Menschen, die es fasziniert, ein Produkt zu entwickeln und zu interessanten Preisen anzubieten. Deutsche Unternehmen müssen auch mal als erste am Markt sein. Nur dann lassen sich Frühkartoffelpreise erzielen."[5]

Es versteht sich von selbst, dass es hier nicht nur um (agrar-)ökonomische Vorteile geht. Und auch nicht allein um potenziellen Imagegewinn. Es geht vielmehr um das, was der ehemalige Bundespräsident Roman Herzog gemeint haben wird, als er von einem „Ruck" sprach, der durch die Bevölkerung gehen müsse. Ohne eine Vision, das wissen somit auch CDU/CSU-Politiker längst, wird ein Unternehmen (und auch ein Staat) sich nicht entwickeln können. Diese These steht außerdem im Zentrum sämtlicher Managementtheorien.

Dennoch tun sich gerade deutsche Unternehmen außerordentlich schwer, eine Vision zu entwickeln. Und zwar deshalb, weiß Minoru Tominaga aus seiner Beratungspraxis, weil sie meinen, dass diese Ewigkeiten halten müsse. Zudem fürchten sie, ihr Versprechen nicht einlösen zu können, weigern sich jedoch trotzdem, die Ziele ein wenig tiefer zu hängen. „In Japan würde die Vision eines Baukonzern lauten: Wir wollen das größte Hochhaus der Welt bauen", sagt Tominaga. „Wenn das Projekt irgendwann realisiert ist, wird eine neue Vision formuliert."[6] Zu banal für deutsche Unternehmen. Hier formulierte man das Ziel eher so: „Wir wollen Häuser bauen, in denen die Menschen glücklich sind. Deshalb setzen wir nur die besten Baustoffe ein und leisten Arbeit von höchster Qualität. Im Interesse unserer Kunden streben wir stets ein Preis-Leistungs-Verhältnis an, das unserem Qualitätsgedanken entspricht."[7]

Die Deutschen, meint Tominaga, sprächen deshalb so gern über Qualität, weil sie damit allen anderen konkreten Aussa-

gen ausweichen können. Selbstverständliches werde dabei wortreich eingenebelt, während man im Kern undeutlich bleibe. Warum? „Aus der Erfahrung weiß ich, dass die Visionen deutscher Unternehmen deshalb so unpräzise sind, weil man einfach keine Vorstellung von dem hat, was man will, weil man sich nicht festlegen möchte und gern ein Hintertürchen offen hält und weil man sich Illusionen macht, die mit der Unternehmenswirklichkeit oft nur wenig zu tun haben."[8]
Eine Reihe von Vertretern der neuen Wirtschaft hatten erwartet, dass der CompuNet-Gründer Jost Stollmann, einst Bundeswirtschaftsminister in Gerhard Schröders Schattenkabinett, ein besseres politisches und gesellschaftliches Klima für Visionen schaffen werde. Doch Stollmann kam nie ins Amt und das Land feiert Unternehmer wie Wiedeking weiterhin als Ausnahmeerscheinung – weil dieser zu den noch immer Wenigen gehört, die ihre Visionen unabhängig von den klimatischen Bedingungen im Land verwirklichen.

Karriere

Die Mehrheit der Deutschen arbeitet, um leben zu können – und nicht umgekehrt. Viele von ihnen befinden sich in Arbeitsstrukturen, in denen die Einstiegsqualifikationen ebenso geregelt sind wie die formellen und finanziellen Aufstiegsmöglichkeiten. Die Perspektive ist langweilig, aber eindeutig. Besonders deutlich fällt diese Reglementierung im öffentlichen Dienst aus. Das Verblüffende dabei ist, dass sich angesichts dessen viele Menschen über diese Form der staatstragenden Bürokratie aufregen, selbst aber in ganz ähnlichen Strukturen verhaftet sind und auf deren Einhaltung bestehen. Von halben Überstunden, ganzen Gleittagen sowie Kur- und Bildungsurlaubsansprüchen soll hier nicht die Rede sein, sie gehören schließlich zu den tariflichen Vereinbarungen. Noch immer aber trifft man regelmäßig auf eine Einstellung zur Arbeit, die diese Regulierungen reflektiert – da wird genau das erledigt, was in der Arbeitsplatzbeschreibung steht und nicht mehr, weil man dafür nicht bezahlt werde. Da wehrt man sich gegen die Einführung einer computergestützten Dokumentenverwaltung, weil man nicht weiß, wie das geht und es auch eigentlich nicht mehr lernen will. Man nimmt um 9.45 Uhr eine Frühstückspause, obwohl vor der Tür die Kunden Schlange stehen und man weder Hunger noch Durst verspürt. „Das haben wir immer so gemacht" war eine Einstellung, gegen die auch Wiedeking bei Porsche besonders hart angehen musste. Und über kurz oder lang (eher: kurz) wird sich die Einstellung hier ändern müssen.

Ohne ständiges Weiterlernen – eine Binsenweisheit mittlerweile – lässt sich morgen und übermorgen kaum noch ein Job erledigen. Man kann außerdem nicht Hierarchien abbauen – und das geschieht überall –, aber gleichzeitig Mitarbeiter mit dem gleichen Anreizsystem wie früher locken und halten wollen. Ein Statusgewinn qua Aufstieg als Belohnung für eine gute Leistung oder für die regelmäßige längere Anwesenheit am Arbeitsplatz ist in flacheren Hierarchien nicht mehr so leicht zu haben. Sicherlich kann ein Unternehmen noch immer ein Gehalt auszahlen, das sich der Höhe nach als Schmerzensgeld erweist. Wirklich binden lassen sich hoch qualifizierte Mitarbeiter heute jedoch nur noch durch Image, Klima und Ambitionen eines Unternehmens. Und ein Mitarbeiter gilt dann als Experte, wenn er über entsprechende Fähigkeiten verfügt – unabhängig von seinem Status.

Ein Mitarbeiter gilt dann als Experte, wenn er über entsprechende Fähigkeiten verfügt – unabhängig von seinem Status.

Dies ist nicht allein für Softwareschmieden und andere Denkfabriken existenziell. Auch in einem schlanken Produktionsunternehmen, wie es Porsche durch Wiedeking geworden ist, gilt jeder als verantwortlich für seinen Bereich. Das beinhaltet zwangsläufig, dass jedem zugetraut und zugemutet wird, diese Verantwortung auch tatsächlich zu tragen.

Die Antwort Wiedekings auf die Frage der *WirtschaftsWoche*, wofür er denn arbeite, passt da ins Bild: „Nur durch Arbeit leben wir. Das galt für die Menschen in der Steinzeit und gilt für die Menschen in den modernen Industriegesellschaften. Durch Arbeit können sich Menschen verwirklichen, garantiert nicht durch Müßiggang. Was mich persönlich betrifft: Ich liebe meine Arbeit."[9]

Spielraum

Die Marke „Porsche" erweist sich – als Monomarke des gleichnamigen Unternehmens – als besonders stabil. Viele ihrer Eigenschaften gelten außerdem als prototypisch für Sportwagen. Kehrte man die Frage: „Was ist ein Porsche?" um in „Was ist ein Sportwagen?", würde die Antwort häufig „Ein Porsche" oder „Wie ein Porsche" lauten. Dies ist nicht das Ergebnis einer empirischen Untersuchung, sondern eine bloße Behauptung. Sie lässt sich jedoch zumindest mit einer Blitzumfrage im eigenen Umfeld problemlos verifizieren. „Porsche" ist fast ein Synonym für Sportwagen, ähnlich wie die Marke „Tempo" für Papiertaschentücher.

Man könnte nun vermuten, dass dies die Entwicklungsmöglichkeiten für weitere Produkte oder Dienstleistungen unter dem Markennamen „Porsche" – als Line Extension oder Diversifikation – stark einschränkt. Es ist jedoch eher das Gegenteil der Fall. Solange man sich an den als prototypisch empfundenen Eigenschaften der Marke orientiert, kann überhaupt nichts schief gehen – wie bei der Porsche AG unschwer zu erkennen ist. Die Erweiterung erfolgt sowohl auf horizontaler als auch auf vertikaler Ebene: Da sind zunächst drei verschiedene Fahrzeug-Modellreihen, der 911er als klassischer

Vorher hatte man den Fehler gemacht, die Modelle mit jeweils Widersprüchlichem zu überfrachten.

Porsche, der Boxster als preiswerteres Einstiegsmodell und das „sportliche und geländegängige Mehrzweckfahrzeug", das ab 2002 die Marke um ein Fun versprechendes und dennoch familientaugliches Modell erweitert. Außerdem entwickle Porsche eine vierte Modellreihe, ist man beim *Handelsblatt* überzeugt – eine Luxuscoupé der Gran-Tourismo-Klasse.[10] Die verschiedenen Modellreihen sprechen unterschiedliche, klar voneinander abgegrenzte Käuferschichten an. Vorher hatte man den Fehler gemacht, die Modelle mit jeweils Widersprüchlichem zu überfrachten.

Mit „Selection" bietet Porsche eine Reihe von Lifestyle-Produkten, edlen Accessoires und Highendsportgeräten an: Schlüsselanhänger, Geldklammern und Kalender, Modellautos, Uhren („Chronographen" genannt), Textilien vom Cape bis zur hochwertigen Lederjacke, Gepäckserien abgestimmt auf den Stauraum der Modelle 911 oder Boxster, Tennisschläger und Bikes (wobei letztere bis zu 10.000 Mark kosten können). Und der Porsche Travel Club organisiert Reisen für Menschen, die eigentlich gar keine Zeit zum Wegfahren haben.

Porsche hat als Ingenieurbüro begonnen, heute bietet das Unternehmen noch immer als „Engineering Services" Entwicklungsdienstleistungen an. Hinzugekommen sind außerdem Finanzdienstleistungen rund ums Auto sowie die Porsche Consulting GmbH, die aus dem Umstrukturierungsprozess bei Porsche hervorgegangen ist und heute andere Unternehmen bei entsprechenden Prozessen berät und begleitet.

Diese Vielfalt verdeutlicht einmal mehr, wie differenziert die Marke „Porsche" heute ist und wie wenig sie für reinen Protz und Prunk steht. Stattdessen repräsentiert sie die folgenden Eigenschaften:

- Mobilität
- Sportlichkeit
- Qualität
- Liebe zum Detail
- Exklusivität, Eleganz
- Problemlösungen
- Zuverlässigkeit
- Diskretion

An diese Merkmale kann die Porsche AG mit sämtlichen Subbrands anknüpfen, wobei je nach Angebot nicht alle Eigenschaften gleich stark angesprochen werden. Aber: menschliches Wissen – auch das Wissen um Bedeutungen – ist hierarchisch aufgebaut; je mehr der oben aufgeführten, prototypischen Eigenschaften angesprochen werden, desto besser funktioniert die Übertragung positiver Eigenschaften auf die Subbrands.

Auffällig ist in diesem Zusammenhang, dass alle genannten Eigenschaften der Marke Porsche sowohl über eine technische als auch über eine emotionale Komponente verfügen. „Liebe zum Detail" kann sich in hoher Material- und Verarbeitungsqualität bis hin zur kleinsten Schraube ebenso bemerkbar machen wie bei der Auswahl schöner, rarer Materialien für Lenkräder oder Sitzbezüge. Dabei werden Ratio (sauber gearbeitete Schrauben halten länger), Haptik (poliertes Tigerwood fühlt sich toll an) und Emotionalität (es gehört zu einer exklusiven Lebenseinstellung, sich in allem derart viel Mühe zu geben) gleichermaßen angesprochen. Die Übertragbarkeit der Merkmale erhöht sich durch deren Mehrdeutigkeit um ein Vielfaches.

An Grenzen stößt die Marke lediglich dann, wenn sie sich an den Porsche-Klischees vom rasenden Wahnsinnigen mit unerschöpflichem Budget und einer Vorliebe für Lebensgefahr orientiert: Diese Zeiten sind augenscheinlich vorbei. Der Porsche Travel Club, 1996 gegründet, erlebte mit dieser Ausrichtung zunächst eine Bauchlandung. Da kostete eine viertägige

Reise nach Moskau mit Flugtraining und MiG-Flug als Co-Pilot über die russische Steppe inklusive Unterkunft im Hotel Metropol rasante 24.500 Mark; ein Flug mit der Concorde einmal um die ganze Welt war für 37.000 Mark zu haben – bei einer Reisedauer von gerade einmal 30 Stunden.

Dieses besonders kurzfristige und erlebnisintensive Angebot richtete sich an Leute mit viel Geld, wenig Zeit und dem Bedürfnis nach einem extremen Kontrastprogramm zum Job. Fehleinschätzung, die Nachfrage blieb aus. Stattdessen setzt man beim Travel Club nun verstärkt auf eine direkte Verknüpfung mit dem Kerngeschäft des Autobauers – Wochenendtrips in Deutschland, Auto- oder Radtouren durch Europa. Natürlich sind die Autos und Fahrräder echt Porsche, Kost und Logis entsprechend exklusiv.[11]

Heikel wird es außerdem, wenn eine Submarke neu aufgebaut werden soll, die überhaupt nichts mit Autos, Autoindustrie oder Technik zu tun hat. Eine Kosmetikklinik oder Lebensmittel sollten die Zuffenhausener daher besser nicht unter ihrem Label anbieten, trotz aller Flexibilität der Bedeutungsmerkmale wäre hier die Assoziation zu Autos und Motoröl wohl doch zu nahe liegend – und abschreckend.

Leidenschaft wecken

◆ *Spiegelbild. Vieles bei Porsche ist das Ergebnis eines mehr oder minder langwierigen Prozesses: die Effektivität, die Umsatzsteigerung, die neuen Modelle ... Als Wiedeking zu Porsche kam, schien eines jedoch schon in vollem Umfang vorhanden zu sein: Seine Leidenschaft für dieses Unternehmen. Der neue Porsche-Chef wurde damals als eher uncharismatisch beschrieben; sobald er über die Entwicklungsmöglichkeiten des Unternehmens spricht, scheint er jedoch Funken zu sprühen. Auch wenn bei*

Führungskräften heute am ehesten auf Charisma verzichtet werden kann – diese Art von ansteckender Leidenschaft für die gemeinsame Sache ist unverzichtbar.

- Präzision. Wendelin Wiedeking kann seine Ziele genau benennen und teilt sie ohne Wenn und Aber mit. Er gehört damit zu den Ausnahmeerscheinungen im deutschen Management; oftmals vernebeln Manager ihre wahren Absichten. Das bedeutet nicht, dass diese so grässlich wären, oft existiert einfach überhaupt keine klare Vision. Wiedekings Anspruch ist zwar gewaltig hoch, gemessen an der damaligen Situation der Porsche AG. Sie ist in ihrem Kern jedoch banal – banal genug zumindest, um tatsächlich realisiert zu werden. Viele Visionen nämlich scheitern an ihrer Komplexität und ihrem Anspruch, für alle Ewigkeit gültig sein zu müssen.

- Neuigkeiten. Es gehört zu den Errungenschaften der modernen Gesellschaft, dass nichts mehr wirklich neu ist und nichts mehr wirklich gut. Und dennoch verlangt das Individuum ständig nach Neuerungen, nach Angeboten, die das Bisherige übertreffen. Porsche befriedigt das Bedürfnis seiner Kunden nach mehr über eine ausgeklügelte Differenzierung seiner Marke. Neben den neuen Fahrzeugmodellen und dem passenden Image durch Forschung und Entwicklung in Weissach bietet der Sportwagenbauer Porsche-Fahrern und vielleicht auch denen, die es werden wollen, eine Erlebniswelt und Erlebnisprodukte, die mit den Werten des Sportwagens korrespondieren.

- Emotionen. Die meisten Eigenschaften, von denen im Zusammenhang mit der Porsche AG und ihren Produkten die Rede ist, sind Zuschreibungen. Ein Auto, auch ein Porsche 911, kann nicht für Werte wie Freiheit, Sportlichkeit oder Exklusivität stehen, wenn sich nicht ein Teil der Gesellschaft auf diese Zuschreibungen verständigt hätte –

> *und diese entstehen fast ausschließlich über Emotionen. Porsche profitiert davon, dass sämtliche zugeschriebenen Eigenschaften eine emotionale Komponente aufweisen. Die gewünschten Eigenschaften lassen sich leichter übertragen; und der Kunde ist auf dieser Ebene sehr viel besser zu beeinflussen.*

Anmerkungen

1 „Die Bombe tickt" in: *Der Spiegel* 21/1999.
2 Karmasin, Helene: Produkte als Botschaften. Wien 1998, S. 504ff.
3 Ebd.
4 „Ganz und gar wie der King" in: *manager magazin* 2/2000.
5 „Im roten Bereich" in: *manager magazin* 12/1995.
6 Tominaga, Minoru: Aufbruch in die Wagnisrepublik. Düsseldorf/München 1998, S. 117f.
7 Ebd.
8 Ebd.
9 „Aus Fehlern klug werden" in: *WirtschaftsWoche* 15/1996.
10 „Sportwagen allein sind eine viel zu schmale Basis" in: *Handelsblatt*, 14. Oktober 1999.
11 „Super in den Adern" in: *WirtschaftsWoche* 11/1997.

Bodenhaftung nicht verlieren

„Wenn man hingegen Staaten in einer Gegend erwirbt, deren Sprache, Sitten und Einrichtungen einem fremd sind, so stößt man auf Schwierigkeiten und es ist ebensoviel Glück und Energie nötig um sie zu behalten."

Niccolò Machiavelli

Motivation

Ohne motivierte Mitarbeiter, das weiß auch Wiedeking, nützt das beste Image nichts. Dieser Zusammenhang besteht auch in umgekehrter Richtung: Das Image eines Unternehmens – und die dahinterstehenden positiven Tatsachen – kann Mitarbeiter ins Unternehmen locken, sie daran hindern, wieder zu gehen und sie durchaus zu guten Leistungen motivieren. Bei Porsche funktioniert es anscheinend: Nicht nur Analysten oder Aktionäre lassen sich bei einem Auftritt des Vorstandsvorsitzenden gelegentlich zu Applaus hinreißen; das Gleiche kann auch bei einer Betriebsversammlung passieren.

Die Grundeinstellung der Mitarbeiter, der Stolz auf „ihr" Unternehmen, existierte schon, bevor Wiedeking zu Porsche kam, dies konnte er übernehmen. Ihre Motivation und Anerkennung jedoch musste er sich verdienen. Nach dem rigiden Personalabbau zu Beginn seiner Amtszeit war das keine leichte Übung. „Wendelin Wiedeking war der richtige Mann zur richtigen Zeit", zitiert die Wochenzeitung *Die Zeit* den Betriebsratsvorsitzenden Uwe Hück und ergänzt: „Im Rückblick. Damals freilich gehörte der heute 38-Jährige als Ver-

„Wendelin Wiedeking war der richtige Mann zur richtigen Zeit."

trauensmann der IG-Metall noch zu denen, die auf dem Hof lautstark gegen den ‚Kahlschlag' protestierten."[1]
Wiedeking hat das Vertrauen der Belegschaft nicht zuletzt deshalb gewinnen können, weil er auch dann glaubwürdig wirkt, wenn er bekräftigt, dass diese Situation ihn nicht kalt gelassen hat. „Solche Zeiten möchte ich nicht noch einmal mitmachen. Ich habe die Angst in den Augen der Menschen gesehen. Das war ein Scheißgefühl, vor die Belegschaft zu treten und ihnen zu sagen, dass viele von ihnen gehen müssen."[2] Dennoch: Wiedeking ist geradlinig – immer – und unverkennbar der Chef. Und auch heute fahren er und der Betriebsratschef alles andere als einen Schmusekurs. „Der Wiedeking ist ein Indianer wie ich", fasst Hück das Konfliktpotenzial zusammen. „Uns sind knallharte Gegner lieber als Freunde, die Weicheier sind."[3]
Letztlich braucht ein schlankes Unternehmen ein Management, das tatsächlich führt und seinen Führungsanspruch deutlich geltend macht. Ein schlankes System verfügt nicht – wie die Massenproduktion – über Spielräume und Puffer. Damit alles in der Produktion ohne Verschwendung und ohne Lücken zu bilden ineinander greift, muss sich jeder einzelne Mitarbeiter sehr bemühen.
„Wenn also das Management nicht führt, und die Arbeiter keine gegenseitige Verpflichtung spüren", warnt das Massachusetts Institute of Technology, „dann wird die schlanke Produktion vorhersehbar wieder in das Stadium der Massenfertigung zurückfallen."[4] Schon klar, dass der Chef sich und anderen da keine Ruhe gönnen kann. Und in der Drohung: „Wen ich beim Zurücklehnen erwische, den misch ich auf" (Kapitel 3) schwingt nun eine andere Art der potenziellen Gefährdung mit, die es eben abzuwenden gilt.

Fehler sind etwas Wunderbares

In einem schlanken Unternehmen ist ein Mitarbeiter kein Rädchen im Getriebe, sondern gilt in erster Linie als „Problemlöser", als Experte in seinem Arbeitsbereich, der Schwierigkeiten erkennt, analysiert und beseitigt. Und um den Status einer Null-Fehler-Produktion zu erreichen, müssen zunächst Fehler gemacht werden. Für Wiedeking ist nach eigenem Bekunden die Weisheit „Aus Fehlern wird man klug" die entscheidende Überlebenseinstellung. Man müsse nur mutig genug sein, sich seine Fehler auch einzugestehen. Es sollte klar sein, dass Fehler sogar die einzige Möglichkeit sind, um tatsächlich zu lernen. Erfolg und Zufriedenheit lässt Menschen unaufmerksam werden. Nur wer Fehler macht und deren Ursachen ermittelt, kann sich immer wieder verbessern – und danach trachtet ein schlankes Unternehmen.
Jack Welch, der Chef von General Electric, soll seinen Mitarbeitern sogar nach Misserfolgen einen Preis verliehen haben – weil sie mutig genug waren, etwas auszuprobieren. Und weil sie diesen Mut unbedingt bewahren sollten.[5] Bei Porsche geht man nicht so weit, Fehler zu prämieren, lobt jedoch für Verbesserungsvorschläge Geld- und Sachprämien in unterschiedlicher Größenordnung aus.
Solche Anreizsysteme verdeutlichen den Anspruch schlanker, moderner Unternehmen, ihre Mitarbeiter in den ständigen Verbesserungsprozess einzubeziehen. Sie werden als Experten akzeptiert. Wiedeking lebt dieses Ansinnen außerdem im täglichen Kontakt zur Basis. „Ich will wirklich wissen, was abgeht"[6], hat er bei seinem Start als Vorstandssprecher angekündigt. Und schon 1991 wurde deutlich, was das bedeutet, als er mit seinen Meistern (und nicht allein oder in Begleitung der Vorstandskollegen) nach Japan reiste, um sich dort Erfolgsrezepte abzugucken.

„Ich will wirklich wissen, was abgeht."

Wiedeking setzt sich über Hierarchien und Rituale hinweg: „Es sollte meines Erachtens durchaus etwas Normales sein, wenn sich der Vorstandsvorsitzende mit den Werkern in der Cafeteria zusammensetzt und diskutiert. Ich mache das häufig, um das Gespür dafür zu bekommen, wie das Unternehmen lebt." Damit dürfte kein Abteilungsleiter ein Problem haben, meint er und weiß es besser; der eine oder andere ist darüber sicherlich nicht gerade erfreut. „Aber da gibt es immer noch die Denkweise, in meinem Bereich bin ich allein zuständig und alle Fragen müssen über meinen Tisch. Diese alte Weltanschauung akzeptiere ich nicht."[7]

Wiedeking ist davon überzeugt, dass man mit den Leuten über alles reden und alles Mögliche erreichen kann, wenn man ehrlich ist und klare Ansagen macht. Er scheint jedoch nicht unbedingt davon auszugehen, dass jemand anderes das genauso gut hinkriegen könnte wie er (siehe Kapitel 10). Der in Deutschland tätige japanische Berater Minoru Tominaga hat einen Namen für die Ebene, die nicht nur Wiedeking gern überspringt. Er nennt sie die Lähmschicht.

Dazu zählen die Verantwortlichen, die im mittleren Bereich der Mitarbeiterpyramide angesiedelt sind. Sie stehen also über den Mitarbeitern, die im Unternehmen den tragenden Sockel bilden, zum Beispiel Verkäufer im Handel oder Arbeiter in der Produktion. Und sie befinden sich unterhalb der Führungskräfte, die so weit an der Spitze stehen, dass sie nur noch grundsätzliche Entscheidungen von übergeordneter Bedeutung fällen und umsetzen müssen. Die Mitarbeiter der „Lähmschicht" verfügen nur über eingeschränkte Befugnisse, tragen aber eine ganze Menge Verantwortung. Je weiter sie aufsteigen, desto weniger Verantwortung bleibe ihnen. Und ihre Kompetenz steige im Gegenzug dazu meist lediglich quantitativ.

So wie Tominaga diese Schicht beschreibt und bezeichnet, liegt die Frage nahe, wozu sie eigentlich gut ist. Und tatsächlich scheinen diese Mitarbeiter insbesondere in großen Konzernen „die größten Feinde des kontinuierlichen Verbesserungsprozesses" zu sein, berufsmäßige Verhinderer. Wenn man hingegen die Mitarbeiter, die tatsächlich etwas produzieren oder verkaufen, direkt mit der obersten Führung eines Unternehmens zusammenbringt, beschreibt Tominaga seine Erfahrung, entwickele sich sehr schnell ein konstruktiver Dialog. „Die Führung hat Wünsche und Vorstellungen, was sein sollte, und die Mitarbeiter haben dafür meist sehr schnell eine praktische Lösung parat. Oft stellt man fest, dass diese Lösung schon vor Jahren vorgeschlagen wurde, sie aber nicht bis zur Entscheidungsebene vordringen konnte, weil es zum Beispiel Kompetenzstreitigkeiten in der Lähmschicht gab."[8]

„Im Gegensatz zu einem verbreiteten Glauben ist eine charismatische Führung kein Kennzeichen erfolgreicher Unternehmen."

Wiedeking tut daher möglicherweise gut daran, in diesem Zusammenhang nicht immer den Dienstweg einzuhalten. Und er hat aus gutem Grund das Produktionsmanagement komplett umstrukturiert und einige Hierarchiestufen vollständig beseitigt. (siehe Kapitel 1) Dass er im Dialog nicht als begnadeter, charismatischer Redner gilt, schadet nicht. „Im Gegensatz zu einem verbreiteten Glauben ist eine charismatische Führung kein Kennzeichen erfolgreicher Unternehmen. Vielmehr haben solche Unternehmen eine Führung, die ehrlich ist und zuhören kann. Sie achtet genau auf Leistungsmaßstäbe und Ziele und macht den Mitarbeitern verständlich, dass die Qualität nicht zur Disposition steht und dass der Dienst am Kunden den höchsten Stellenwert im Unternehmen einnimmt"[9], weiß George Binney, der die Qualitätsprogramme von 46 europäischen Unternehmen analysiert hat.

Effizienz kann glücklich machen

Der eher nüchterne Wiedeking, stellte die Wirtschaftspresse bei dessen Start einhellig fest, wird immer dann zum mitreißenden Redner, sobald er über die Effizienz bei Porsche spricht. Er zeigt echte Begeisterung angesichts gestiegener Produktivität und gibt sich überaus zufrieden, wenn er das Potenzial für weitere Steigerungen referiert. Nur wenige Medienvertreter üben bei all diesem Überschwang vernehmlich Kritik an diesem – wie es die *WirtschaftsWoche* dann doch nennt – „knallharten" Rationalisierungskurs.[10] Dabei ist offenkundig: Der Umbau des Unternehmens hat eine Menge Arbeitsplätze gekostet und weitere Jobs könnten entfallen. Der Druck auf jeden Einzelnen, aber besonders auf die Meister, hat sich immens erhöht. Anders als früher sind sie nicht mehr zwischen Gruppen- und Obermeister eingebettet. Sie müssen selbst entscheiden, auf welche Weise sie die verbindlichen Zielvereinbarungen durchsetzen wollen. Klar ist von vornherein lediglich, dass sie die Ziele erreichen müssen (siehe Kapitel 4).

Die gestiegene Verantwortung jedes Einzelnen lässt sich als Bürde, aber auch als Gewinn interpretieren, in jedem Fall ist sie unumkehrbar und verbessert objektiv die Arbeitsqualität. Allerdings müssen die Mitarbeiter durch Kommunikation und Qualifizierung dazu befähigt werden, sich zu entwickeln und die Verantwortung dauerhaft zu tragen. Dennoch ist die Vermutung, dass Rationalisierung ausschließlich dazu dient, die Effektivität zu erhöhen, die Arbeit zu intensivieren und Mitarbeiter überflüssig zu machen, weit verbreitet.

Tominaga hat in einer Automobilfabrik die Erfahrung gemacht, dass er aus genau diesem Grund von den Arbeitern und dem Betriebsrat zunächst abgelehnt und angefeindet wurde. Bei der Montage eines Armaturenbretts stellte er jedoch fest, dass niemand den Job in der vorgesehen Taktzeit erledigen konnte – man musste dafür im Wagen liegend kopf-

über die Schrauben eindrehen. Er bat den zuständigen Chefingenieur, diese Aufgabe zu bewältigen. Der scheiterte ebenfalls.
„Der Grund war ganz einfach, er hatte die Taktzeit in seinem Büro mit der Stoppuhr ermittelt, als das Armaturenbrett auf seinem Arbeitstisch lag und er aufrecht davor stand."[11] Die Taktzeit wurde entsprechend geändert, und die Arbeiter erkannten, dass Verbesserungsvorschläge auch dazu beitragen können, ihnen ihre Arbeit zu erleichtern.[12] Dass er im selben Werk außerdem mehrere Dutzend Arbeitsplätze überflüssig machte, verschweigt der Berater nicht. Aber: „Entlassen wurde niemand." Doch dies ist nicht unbedingt die Regel.

Bodenhaftung nicht verlieren

◆ *Spielraum ersetzen. Ohne motivierte Mitarbeiter kann eine Firma wie Porsche mit ihrem überragenden Image nicht viel anfangen. Doch Motivation zu wecken und zu halten, ist in schlanken Unternehmen weit schwieriger als in Firmen, die nach altem Muster arbeiten. In schlanken Betriebe gibt es keine Spielräume oder Puffer mehr; just in time setzt ständige Konzentration voraus. Und Motivation wird dabei – Image hin oder her – zum überlebenswichtigen Faktor. Es gelingt Wiedeking, seine Mitarbeiter zu motivieren, weil er ihnen vermittelt, dass es bei alledem auch um sie geht – beim Tanz um Shareholder Value keine Selbstverständlichkeit mehr.*

◆ *Fehler zulassen. Man muss nicht so weit gehen, Mitarbeiter für ihre Fehler zu belohnen, was Jack Welch, der Chef von General Electric, getan haben soll. Ein Manager muss sich allerdings bewusst machen, dass Mitarbeiter möglicherweise aus ihren Fehlern sehr viel mehr lernen als aus Erfolgen. Daher besteht bei Porsche geradezu die*

Pflicht für jeden Beschäftigten in der Produktion, Ideen zu entwickeln, Verbesserungsvorschläge einzubringen, die oft umgesetzt und dann prämiert werden. Fehler also motivieren. Auch Ideen für Verbesserungen können letztlich nur einer Situation entspringen, die alles andere als perfekt ist – sonst gäbe es ja keinen Anlass dafür.

- *Hierarchien ignorieren. Es war sicherlich eine gute Idee von Wendelin Wiedeking, einen Teil der Hierarchien bei Porsche einfach abzuschaffen – und damit auch einen Teil der entsprechenden Reibungsverluste. Entscheidungsrangfolgen existieren bei Porsche aber immer noch, schließlich wäre der Chef sonst ja nicht Chef. Wiedeking jedoch setzt sich gelegentlich über die vorgesehenen Regularien hinweg, um zu erfahren, was „wirklich abgeht". Auch das ist möglicherweise eine gute Entscheidung. Hat doch der japanische Berater Minoru Tominaga festgestellt, dass eine Menge Ideen und Informationen oft im mittleren Management versickern.*

- *Verantwortung schätzen. Durch die Umstrukturierung der Porsche AG zu einem schlanken Unternehmen sind sämtliche Mitarbeiter gezwungen worden, mehr Verantwortung zu übernehmen. Sicher werden dies tatsächlich auch viele als Zwang empfunden haben und nicht nur als Zugewinn an Kompetenz. So ist das oft, wenn man nicht selbst wählen darf. Auf der anderen Seite trauen sich Menschen, wenn ihnen die Wahl überlassen wird, oft viel weniger zu, als sie leisten könnten. Effizienz soll nicht die Mitarbeiter, sondern ihre Kapazitäten freisetzen. Doch auch der Porsche-Chef kann nicht garantieren, dass dies nie miteinander verbunden sein wird.*

Anmerkungen

1 „Der Ketzer" in: *Die Zeit* 10/2000.
2 Ebd.
3 „Immer linke Spur" in: *Stern* 14/2000.
4 Womack, James P./Jones, Daniel T./Roos, Daniel: Die zweite Revolution in der Autoindustrie. Frankfurt a. M./New York 1994, S. 108.
5 Crainer, Stuart: Die Jack Welch Methode. Wien 2000, S. 116.
6 „Mit exklusiver Technik zu wettbewerbsfähigen Preisen einen größeren Käuferkreis erschließen" in: *Handelsblatt,* 19. Oktober 1992.
7 „Wer hier Produkte verkauft, soll auch Arbeitsplätze schaffen" in: *Die Welt,* 18. März 1996.
8 Tominaga, Minoru: Aufbruch in die Wagnisrepublik. Düsseldorf/München 1998, S. 87f.
9 Zit. nach Crainer, Stuart, a.a.O., S.116.
10 „An der Kandare" in: *WirtschaftsWoche* 23/1995.
11 „Tominaga, Minoru": Erfolgsstragien für deutsche Unternehmer. Düsseldorf 1995, S. 202f.
12 Ebd.

Alles ist Chefsache

„Macht ist die einzige Lust, derer man nicht müde wird."

Oscar Wilde

Einer muss es ja machen

Wiedeking ist der Chef. Immer. „Er mag offen und locker wirken, im Zweifel ist er knallhart." Und: „Jede Geste strahlt aus: Alpha-Tier, Leitbulle, Platzhirsch, Rudelführer. In Menschengestalt also Wendelin Wiedeking, Vorstandsvorsitzender der Porsche AG."[1] Dem *Stern*-Reporter Henrik Müller scheint ein Synonym, eine einzelne Methaper aus dem archaischen Reich der Tiere nicht auszureichen, um Wiedeking angemessen zu beschreiben. Er führt gleich eine kleine Liste auf. Und Müller zeigt in seinem Portrait, das Anfang 2000 veröffentlicht wurde, einen nun 47-jährigen „Firmenpatriarchen", der Stolz und Tatendrang aus jeder Pore verströmt. Und der keinen Zweifel lässt an seinem Führungsanspruch, nicht eine Sekunde.

Dieses Bild in satten Farben hat wenig gemein mit den Anfängen der Ära Wiedeking; damals wurden Persönlichkeit und Charisma des neuen Porsche-Chefs gemeinhin eher als blass skizziert. Doch bereits zum damaligen Zeitpunkt war es zumindest Insidern klar, wie Wiedeking tickt – so nämlich, wie er es nach dem erfolgreichen Turnaround und dem siegreich beurkundeten Imagegewinn des Unternehmens auch nach auflen vermittelt: Alpha-Tier, Leitbulle ... platzend vor Selbstbewusstsein ... Letztlich aber entspringt dieses Bild der Persönlichkeit einer Momentaufnahme und Interpretation eines

Die Öffentlichkeit bilde sich also nicht ein, den Menschen Wendelin Wiedeking zu kennen!

Autors. Und der hält es auch für erwähnenswert, dass Wiedeking „immer noch" mit der Frau verheiratet ist, mit der er schon als 16-Jähriger zusammen war. „Ein Konservativer, zweifellos." Das Persönlichkeitsbild – ein Zufallsergebnis, auch daran gibt es kaum einen Zweifel.

Denn: Über die Persönlichkeit von Wiedeking weiß man in der Öffentlichkeit tatsächlich wenig. Und ein Interview beim Abendessen (ein ganzer Hummer, die dickste Zigarre, das Glas schön voll) ändert daran nichts. Wiedeking kontrolliert weiterhin sehr bewusst, mit wem er wann über welche Themen redet. Und Anton Hunger, PR-Chef bei Porsche, der am selben Tag antrat, an dem Wiedeking Vorstandschef wurde, wird ihn sicher dabei unterstützen.[2] Die Öffentlichkeit bilde sich also nicht ein, den Menschen Wendelin Wiedeking zu kennen!

Und es ist völlig unerheblich in diesem Zusammenhang, dass die Attribute Ehrlichkeit und Vertrauen Durchschaubarkeit suggerieren. Der westfälische Klartext-Beauftragte, in dessen Wortschatz die Begriffe „Glaubwürdigkeit" und „Offenheit" die Plätze eins und zwei belegen, zeigt sich nicht. Beobachter erlauben es sich, Rückschlüsse auf Wiedekings Persönlichkeit aus dessen Rolle als Porsche-Chef zu ziehen. Und diese sind mit Sicherheit auch zutreffend: Einer, der nicht ehrgeizig wäre, hätte den Job bei Porsche nicht angenommen damals. Einer, der nicht konservativ ist, hält wenig von Werten wie Verantwortung. Einer, der nicht wirklich etwas drauf hat, hätte Trendwende und Traumergebnis bei, oder vielmehr für Porsche nicht geschafft.

Diese Eigenschaften wirken nicht wirklich persönlich und privat. Sie waren einfach genau das, was Porsche brauchte. Eigentlich nicht erst auf dem Höhepunkt der Krise, aber spätestens zu diesem Zeitpunkt. Ferry Porsche hätte sich eine solche Klarheit beim Führungsanspruch jedoch schon sehr viel

früher gewünscht. Eine wichtige Ursache für die Führungsschwäche sah er (im Interview mit dem *manager magazin* 1988) in der „Doppelspitze"[3] aus sich selber und seiner Schwester Luise (sowie in der Eingebundenheit von deren Sohn Ferdinand Piëch) – die fast unweigerlich zu Problemen führen müsse. „Konflikte kann es immer geben. Besser ist eine saubere Trennung. Aber meine Schwester und ich wurden nun mal von meinem Alten Herrn zu gleichen Teilen bedacht. Richtiger wäre es schon gewesen, wenn mein Vater den Weg der Rothschilds gegangen wäre und gesagt hätte: Einer trägt die Verantwortung, einer macht es."[4]
Stattdessen sind es nach zahlreichen Querelen der Porsche-Betriebsrat und die Arbeitnehmervertreter im Aufsichtsrat, die 1992 einen allmählichen Rückzug der Familieneigner aus dem Aufsichtsrat fordern – mit dem Slogan „Abschied vom Familien-(Krach-)Betrieb hin zur richtigen AG." Der Aufsichtsrat, in dem zu diesem Zeitpunkt fünf von sechs Kapitaleignervertretern den Familien Porsche und Piëch angehören, sollte sich überdies nicht mehr in das Tagesgeschäft einmischen, sondern nur die Grundsatzentscheidungen des Vorstands kontrollieren. „Bohn bleibt und Piëch wird gehen müssen"[5], titelte das Handelsblatt in diesem Zusammenhang. Vielleicht wäre es Bohn tatsächlich möglich gewesen, im Unternehmen zu bleiben, wenn er sich nicht – wie schon bei Nixdorf und auch dort ohne Fortune – auf die Finanzreserven des Unternehmens verlassen hätte. „Auch Nixdorf hatte geglaubt, mit cleverem Marketing die Produktschwächen übertünchen zu können", schreibt die *WirtschaftsWoche*. „Genauso wie die Porsche/Piëch-Familien gehofft hatten, mit dem Marketing-Mann Bohn die angejahrte Modellpalette weiter absetzen zu können."[6] Diesen Versuch hatte Nixdorf, damals ebenfalls ein börsennotierter Familienbetrieb, keine zwei Jahre mehr überstanden. „Porsche wird es wohl kaum länger schaffen."[7]
Dass diese Prognose nicht eintrifft, liegt an „Wiedekings Wirbelsturm". Der Fertigungsspezialist verlagert nicht einfach

14 bis 16 Arbeitsstunden jeden Tag müssen sein.

nur den Schwerpunkt aller Aktivitäten in die Produktion. Er macht aus dem gesamten Unternehmen eine Baustelle. Die Familien Porsche und Piëch wird es gefreut haben, Schlagzeilen über Zank und Zoff blieben aus. Wiedeking indessen wird seinem Ruf als Workaholic gerecht – 14 bis 16 Arbeitsstunden jeden Tag müssen sein. „Sonst schaffen wir es nicht. Eigentlich fehlt mir immer Zeit, aber 24 Stunden sind nun einmal der Anschlag. Da enden alle Möglichkeiten des Zeitmanagements."[8]

Quantität und Qualität

Arbeitseifer und Ausdauer werden von Führungskräften generell erwartet. Und so ist es modern geworden, ein Workaholic zu sein – gilt man doch im Umkehrschluss als wichtig bis zur Unabkömmlichkeit. Diese zunächst einmal quantitativ beeindruckende Arbeitsleistung aber sagt über die Qualität, also über die Ergebnisse des beherzten Einsatzes, nichts aus. Schließlich gibt es eine Menge Menschen, die jeden Tag mehr als zehn Stunden im Büro zubringen, die permanent über Stress klagen oder vielleicht auch nicht – und die im Endeffekt eine ganz und gar durchschnittliche Arbeit abliefern, wenn überhaupt.

Eine andere Person könnte diesen Job möglicherweise in der Hälfte der Zeit schaffen, nicht, weil sie begabter oder fleißiger ist, sondern weil sie sich ihre Zeit besser einteilen kann. Sämtliche Theorien des Zeitmanagements bauen auf der Tatsache auf, dass die meisten von uns zu viel Zeit mit Unwichtigem verpulvern und sich bei der Erledigung dringlicher Aufgaben viel zu häufig ablenken lassen.

Nun ist Wiedeking durchaus zuzutrauen, dass er sehr wohl in der Lage ist, sich seine Zeit richtig, sprich ökonomisch einzuteilen. Schließlich erwähnt er selbst nicht die Grenzen der Zeit, sondern des Zeitmanagements. Letztlich wird ihn auch die Aufgabe, die er übernommen hat, dazu gezwungen haben. Wer einen Effekt erzielen will, muss effektiv arbeiten. Und: Wiedeking hat sich ausreichend Wissen aufgebaut, um auf diese Weise vorgehen zu können. Die Legende, er habe vakante, ihm fachlich fremde Positionen im Betrieb erst dann neu besetzt, wenn er über genügend eigene Kenntnisse im jeweiligen Gebiet verfügte, klingt eigentlich nach einem Ding der Unmöglichkeit, passt aber ins Bild: Wenn einer das ganze Unternehmen so führen will, wie Wiedeking es mit Porsche vorhatte, muss er wohl dafür sorgen, dass ihm ausnahmslos niemand mehr etwas vormachen kann.

Denn wenn Qualitätsmanagement keine Floskel, sondern tragendes Element eines Unternehmens sein soll, muss das Streben nach Qualität im Kopf beginnen – im Kopf des Geschäftsführers. Aus den Fragen, was Qualität in den einzelnen Bereichen ausmacht und wie diese Erfordernisse zusammenspielen, ergeben sich wichtige Informationen für richtige Entscheidungen. Gerade im Zusammenhang mit dem Label „Made in Germany" spielt bei der Porsche AG Qualität eine wichtige Rolle. Eine so wichtige, dass sie zur Chefsache wird. „Qualität ist nur zu schaffen, wenn die Mitarbeiter auch das entsprechende Qualitätsbewusstsein haben", sagt Wiedeking. „Deshalb ist bei Porsche auch der Gesamtvorstand für Qualitätsfragen zuständig und nicht nur der Produktionsvorstand."[9]

Neue Besen

Abgesehen von Wiedekings beeindruckender Leistung, möglichst immer über alles auf dem Laufenden zu sein, kommt es ihm und der Porsche AG zugute, dass er nicht wirklich ein alter Hase in der Automobilbranche ist. Sicher: Wiedeking ver-

Wiedeking gehört jedoch nicht zu denen, die sich auf Erfahrungen und Erfolge in der Vergangenheit berufen.

fügt – gemessen an seinem Alter – über eine ganze Menge einschlägiger Erfahrungen, auch über Führungserfahrung: Denn bevor er 1991 zu Porsche zurückkehrte, hatte er es bei dem Autozulieferer Glyco Metallwerke bis zum Vorstandsvorsitzenden gebracht. Vor seiner Tätigkeit bei Glyco war Wiedeking fünf Jahre lang Referent des Porsche-Vorstands für Produktion und Materialwirtschaft gewesen.

Wiedeking gehört jedoch nicht zu denen, die sich auf Erfahrungen und Erfolge in der Vergangenheit berufen. Zum Glück: Denn Manager, die voller Stolz auf ihre bisherigen Leistungen zurückblicken, zeigen sich bisweilen unfähig, auf eine möglicherweise ganz andere Weise neue Erfolge in der Zukunft zu erringen. Und viele zurückliegenden Erfahrungen sind angesichts des rasanten Wandels später oft kaum noch etwas wert. Management bedeutet heute, immer wieder von vorn anzufangen und Erlebnisse in veränderten Zusammenhängen neu zu interpretieren. Nur dann sind die Erkenntnisse daraus auch in Zukunft nützlich.

Doch es ist nicht allein die Frage nach der Relevanz von Erfahrungen, die sich in modernen, schlanken Unternehmen neu stellt. Auch die grundsätzliche Legitimation der Position „Chef" wird in Strukturen, in denen jeder Mitarbeiter als Experte für seinen Bereich gilt, infrage gestellt. Während früher ein Manager solche Aufgaben übernahm, die die Mitarbeiter nicht bewältigen konnten, muss angesichts der neuen Verteilung von Verantwortung eine Führungskraft etwas anderes tun – tatsächlich führen, zum Beispiel.

Die Zeiten, in den eine Führungspersönlichkeit nach dem Motto „Lasst mal, ich mach' das schon!" das Schicksal eines Unternehmens allein in die Hand nahm, sind nicht nur bei Porsche längst vorbei. Aus einem heldenhaften Repräsentanten mit Kontrollfunktion muss ein Prozessverantwortlicher werden, der als Coach, Mentor und Moderator fungiert und dabei die Aufgaben und Beziehungen sämtlicher Mitarbeiter ebenso im Blick hat wie das Verhältnis zwischen Mitarbeitern und Kunden.

Wirklich: Der Neue

Wiedeking steht für diesen neuen vielschichtigen Führungsstil, obgleich er heute den Status eines einsamen Helden zugewiesen bekommt – es ist Wiedeking, der den Turnaround geschafft hat. Er selbst aber weiß längst, dass es sich um eine Teamleistung handelt. 1996 von der *WirtschaftsWoche* gefragt, worauf er stolz sei, antwortet Wiedeking: „Auf meine Mannschaft bei Porsche, die in den vergangenen dreieinhalb Jahren Unvorstellbares geleistet hat."[10] Klar ist aber auch, dass er als Mannschaftskapitän und Trainer in Personalunion einen sehr großen Teil zum Erfolg beigetragen hat, einen Teil, ohne den es nicht geklappt hätte. Diese Aufgabe aber hätte auch ein anderer erfüllen können, theoretisch.

Lange Zeit galt Charisma als unabdingbare Eigenschaft erfolgreicher Führungspersönlichkeiten; Ausstrahlung schien der Schlüssel zu sein, um alle Beteiligten zu erreichen. Auch in der heutigen Zeit schadet Charisma sicher nicht, man kommt aber – siehe Wiedeking – auch ohne eine größere Portion davon recht weit. Wiedekings Art vermag den heute komplexen und komplizierten wirtschaftlichen Zusammenhängen letztlich viel besser gerecht zu werden.

Edgar H. Schein beschreibt in seinem Buch „Unternehmenskultur" andere wirksame Instrumente, um die erforderlichen Prämissen im Betrieb zu verankern. Hier werden auch die Vorbildfunktion der Führungskräfte, deren Bewältigung kritischer Situationen, deren Kriterien für personalpolitische Entscheidungen sowie Aufmerksamkeit und Belohnung genannt.

Er bleibt der Chef, der „Dr. Wiedeking", der letztlich die Gesamtverantwortung trägt.

Zum wichtigsten Erfolgsfaktor wird die Fähigkeit, psychologische Sicherheit zu vermitteln – gerade in Umbruchsituationen, die einen grundlegenden Wandel meist initiieren, so wie es auch bei Porsche war. Auf dieser Basis lassen sich mit einer klaren Vision entsprechende Entscheidungen weitergeben – und die Mitarbeiter zur Mitarbeit gewinnen.[11]

„Topmanager müssen wieder einen klaren Führungsanspruch erheben und die neue Kultur auch vorleben", weiß Wiedeking. „Das erwarten die Aktionäre, die Beschäftigten und sogar die Betriebsräte. Die Mitarbeiter haben ein sehr feines Gespür, ob jemand nur ökonomische Traumtänzerei vorführt oder um des Überlebens einer Firma willen das enorme Trägheitsmoment (...) überwinden will."[12] Da sieht sich Wiedeking dann doch ganz gern als „Lonesome Cowboy", als Held und Retter, Alpha-Tier und Rudelführer.

Und hier gleicht der moderne Sanierer dem Firmenpatriarchen der Nachkriegszeit: Auf der einen Seite steht er – auf der anderen „seine" Leute. Auch wenn er mit ihnen in der Cafeteria zusammensitzt und diskutiert – Verbrüderung ist seine Sache nicht. Er bleibt der Chef, der „Dr. Wiedeking", der letztlich die Gesamtverantwortung trägt. Diese Grundverantwortung, die er für 9.000 Mitarbeiter im Haus plus die Beschäftigten in Zulieferunternehmen empfindet, belaste ihn offenbar nicht, im Gegenteil, schreibt der *Stern* und zitiert Wiedeking: „Man spürt, das ist nicht nur Spiel, sondern das ist wirklich was Reelles, was Reales."[13]

Obwohl also so vieles Teil der Inszenierung „Markenkonzept" ist, obgleich das komplette Unternehmen auf Effektivität gebürstet wurde – es gibt ein Leben neben dem Shareholder Value. Und das ist eine Gratwanderung, auch in Zukunft, und wird nur mit großer Aufmerksamkeit und Sorgfalt gelingen können. Aber dafür ist Wiedeking ja zum Glück geradezu berühmt. Deshalb lässt es sich der Chef auch nicht nehmen, selbst das Werbekonzept abzusegnen, Botschaften und Auftritte zu definieren und sich zudem noch mit der Logik der Kommunikationsstrategie zu befassen. „Bei uns tobt sich nicht jeder im Markt aus, wie er will. Das spart erstens Geld und erzeugt zweitens ein eindeutiges Porsche-Bild in der Welt."[14]

„Unser Auto können Sie in jede Umgebung stellen – das ist nicht langweilig."

Es ist schon erstaunlich in diesem Zusammenhang, dass der Ingenieur die Marketingstrategie klarer repräsentiert als der Marketingmann Arno Bohn, Wiedekings Vorgänger. Wiedeking ist sich absolut im Klaren darüber, wie wertvoll die Marke für ein Unternehmen ist. „Mir war immer bewusst, dass das Unternehmen nur überlebt hatte, weil wir eine starke Marke sind. Eine Marke ist in einem Unternehmen gleichbedeutend mit den Kronjuwelen und mit denen muss man sehr sorgfältig umgehen. Man holt sie nicht immer heraus, setzt sie nicht immer auf, aber man muss wissen, dass man sie hat und das man sie sorgfältig putzen und pflegen muss."[15]

Dennoch ist der Vorstandsvorsitzende überzeugt, dass ein Porsche an sich nicht tatsächlich eine Erlebniswelt braucht, keinen Dom benötigt, der das Produkt zum Strahlen bringt. „Unser Auto können Sie in jede Umgebung stellen – das ist nicht langweilig."[16] Weil Wiedeking jedoch weiß, wie elementar wichtig die Markenpflege ist, produziert Porsche sogar Dinge, die das Unternehmen gar nicht haben will und füllt seine Läger damit – einfach um die Markenrechte in nahezu allen Produktsegmenten zu behalten. „Wir haben da sehr klare Vorstellungen, welche Artikel wir niemals um uns herum zulassen würden." Und: „Da sind wir sehr empfindlich."[17]

In der Zusammenschau sämtlicher Argumente wird klar, was die Unabhängigkeit der (relativ) kleinen Porsche AG bedeutet:

Die Wandlung zu einem marketingorientierten Unternehmen ist nicht nur zwangsläufig vollzogen worden, sondern die Marke wird mit großer Sorgfalt kultiviert. Aber eines wollte und wird man nie sein wollen – die Marketingabteilung für ein anderes Unternehmen, eines der Großen.

Alles ist Chefsache

- *Sich auf sich selbst verlassen. Wiedeking reiht sich augenfällig ein in die Riege der Firmenpatriarchen der Nachkriegsära. Nicht vom Typ her, dafür ist er zu jugendlich, war es vor allem bei seinem Start als Porsche-Chef. Er vermittelt aber die entsprechende Haltung: Welchen Laden in welcher Größenordnung man auch immer führt, es müssen die Regeln eines ordentlichen Kaufmanns gelten. Wiedeking verlässt sich nicht, anders als die Eigentümerfamilien, auf die finanziellen Reserven der Aktiengesellschaft. Er verzichtet auf Rettungsring, Netz und doppelten Boden – weil gegen ein falsches Management nur eines helfen kann: als Manager selbst ab sofort das Richtige zu tun.*

- *Einen Gemischtwarenladen führen. Es versteht sich fast von selbst, dass ein schlankes, an Prozessen orientiertes Management gänzlich andere Aufgaben zu bewältigen hat als das Management einer Massenproduktion. Während dort klar abgegrenzte Aufgaben anfallen, muss der Leiter eines schlanken Betriebs zum Generalisten werden. Er ist verantwortlich für sämtliche Prozesse, coacht, fördert und vertritt seine Mitarbeiter nach außen, moderiert zwischen Mitarbeiter- und Kundenbedürfnissen. In solchen Zusammenhängen ist es notwendig, dass eine Führungskraft tatsächlich führt. Tut sie es* nicht, lässt sie locker, kann sich der erreichte Zustand sehr schnell zurückentwickeln.

- ◆ Bitte umblättern. Es scheint eigentlich gar nicht menschenmöglich zu sein, ein derartiges Allroundtalent zu entwickeln. Zumal dann nicht, wenn diese Anforderung nicht zeitlich begrenzt ist, sondern jeden Tag aufs Neue unter Beweis gestellt werden muss. Wendelin Wiedeking profitiert dabei sicherlich von Eigenschaften wie Ehrgeiz und Disziplin, und sicher hat er eine Reihe von Mitarbeitern, die ihn bei der Vorbereitung von Entscheidungen unterstützen. Vor allem aber muss man sich klar machen, dass Wiedeking nicht etwas kann, was nur Wiedeking kann. Er ist lediglich im Handbuch ein paar Seiten weiter als die anderen; und er hat verstanden, was er da gelesen hat.

- ◆ Zeit als Grenzerfahrung. Es mag manchen beruhigen, dass auch Wendelin Wiedeking an Grenzen stößt. Es sind gewiss wenige, weil er die meisten wohl nicht akzeptiert. Mit der Dauer eines Tages ist er auch nicht einverstanden, weil: zu kurz, eigentlich. 24 Stunden, hat er aber einsehen müssen, sind der Anschlag. Wer sich jedoch sowieso der Effektivität verschrieben hat, kann dies auch schließlich im Zeitmanagement Gewinn bringend umsetzen. Niemand muss einen Großteil seiner Zeit mit Unwichtigem verplempern. Die meisten Menschen, gerade in Bürojobs, aber tun genau das. Vielleicht werden sie von den Porsche-Beschäftigten gelegentlich beneidet.

Anmerkungen

1 „Immer linke Spur" in: *Stern* 14/2000.
2 „Der Ketzer" in: *Die Zeit* 10/2000.
3 „Ich habe nie Diktator gespielt" in: *manager magazin* 8/1988.
4 Ebd.
5 „Abgründe tun sich auf" in: *Handelsblatt,* 27. September 1992.
6 „Ende der Legende" in: *WirtschaftsWoche* 10/1992.
7 Ebd.
8 „Wer das Tempolimit fordert, macht das Geschäft der Japaner" in: *Die Welt,* 29. März 1993.
9 „Wer hier Produkte verkauft, soll auch Arbeitsplätze schaffen" in: *Die Welt,* 18. März 1996.
10 „Aus Fehlern klug werden" in: *WirtschaftsWoche* 15/1996.
11 Schein, Edgar H.: Unternehmenskultur. Frankfurt a. M./New York 1995.
12 „Im roten Bereich" in: *manager magazin* 12/1995.
13 „Immer linke Spur", a.a.O.
14 „Ganz und gar wie der King" in: *manager magazin* 2/2000.
15 „Porsche ist nicht mehr Porsche, wenn uns ein Großer übernimmt" in: *brand eins* 2/2000.
16 Ebd.
17 Ebd.

Blinker links: Wohin steuert Wendelin Wiedeking?

Kaum eine andere Branche eignet sich besser für die sprachlich bildreiche Ausgestaltung der Unternehmensvorgänge als die Autoindustrie; die Fachpresse schöpft da bei Porsche beherzt aus dem Vollen: Wiedeking hat damals das Steuer in die Hand genommen, als andere die Aktiengesellschaft schon fast gegen die Wand gesetzt hatten. Sie fuhren in der Krise ein Rennen gegen die Zeit. Da trat jemand voll auf die Bremse, wechselte der Fuß wieder aufs Gaspedal: Und die Porsche AG – am Abgrund vorbeigeschrammt – hat letztlich doch noch die Kurve gekriegt. Heute hält Porsche beim Gewinn das Tempo. Wiedekings Maxime: Immer linke Spur.
Die Autoindustrie ist tatsächlich eine Branche die auch emotional „Bilder" erzeugt; wohl kaum ein anderes industrielles Erzeugnis weckt so farbenprächtige Fantasien und unstillbares Verlangen. Und noch mehr als Autos liebt der Deutsche deutsche Autos (siehe Kapitel 7). Wiedeking hat gut daran getan, sich, seine Mitarbeiter und die Porsche-Kunden daran immer wieder zu erinnern.
Der Vorstandsvorsitzende der Porsche AG hat also Gas gegeben und sein Ziel erreicht: zu definierten Kosten attraktive Produkte in den Markt zu bringen, mit denen man dann Geld verdient. So lapidar schließlich hatte der Porsche-Chef das damals, 1992, ausgedrückt. Nicht zum Ziel erklärt, jedenfalls nicht öffentlich, hatte das Unternehmen indessen die Vorstellung, dass Wiedekings Erfolg sowie Porsches Umsatzrendite und Aktienkursentwicklung in einigen Jahren zur „Weltspitze" gehören sollten. Gelungen ist aber auch das, trotzdem. Worin besteht das neue Ziel?

Es könnte immer noch in Zuffenhausen bei Porsche liegen. Die möglichen Veränderungen sind noch längst nicht ausgeschöpft. Und werden es – so man im Schwäbischen japanisch bleibt, und der Prozess gilt ja als unumkehrbar – ja auch niemals sein. Ein schönes Ziel in der näheren Zukunft könnte es sein, den Umsatz von zuletzt 6,2 Milliarden (1998/99) auf zehn Milliarden Mark im Jahr 2003 zu erhöhen. Angesichts solcher Pläne rechnen Insider damit, dass Porsche seine Palette noch einmal erweitert – um eine Modellreihe, die wohl bevorzugt im „Superluxussegment" ihr Absatzgebiet finden soll *(Handelsblatt,* 14.10.1999).

Peinlich genau wird man vermeiden, damit den gleichen Flop zu erleben wie vor Wiedekings Amtszeit mit dem Modell 928, der damals allerdings – vergeblich, weil unangemessen – als 911er-Nachfolger gehandelt worden war. Die jetzige Neuentwicklung erhebt diesen Anspruch nicht; sie zielt nicht auf dieselben Kunden wie der 911er, sondern soll von Anfang an richtig positioniert werden: als geräumiger 2+2-Sitzer mit Frontmotor sowie ausreichend Platz und Komfort selbst für große Reisen – Gran-Turismo eben.

Die Ertragsentwicklung wird wohl angesichts dessen in den kommenden Jahren etwas weniger gigantisch ausfallen. Allein im Jahr 2000, rechnet das *Handelsblatt* (14.1.2000) vor, werde das Unternehmen 200 Millionen Mark in die Entwicklung seines „geländegängigen Sportwagens" und dessen zukünftige Produktionsstätte in Leipzig investieren. Der kleine David bleibt aber auch dann Großverdiener. Und sorgt mit der vierten Modellreihe für weitere Wachstumsmöglichkeiten. Schließlich will man bei Porsche die Absatzzahlen weiter erhöhen, achtet mittlerweile jedoch sehr genau darauf, die Marke nicht zu inflationieren. Eine „Verteilung" höhere Absatzzahlen auf mehrere Modellreihen passt dazu ganz ausgezeichnet.

In diesem Zusammenhang stehen die Gestalter bei Porsche jetzt vor neuen Herausforderungen. Die zahlreichen gleichen

Bauteile der Modellreihen haben zwar die Produktionseffektivität erhöht, doch sind die Unterschiede bei den Modellen dadurch schwieriger zu erkennen. Schon jetzt kommt es vor, dass 911er-Besitzer die Ähnlichkeit ihres Gefährts zum Boxster monieren – denn der kostet schließlich nur die Hälfte. Wiedeking hat den Designer Ferdinand Porsche, der den Erfolgsporsche 911er damals entworfen hatte, als Berater zurück ins Team geholt.

Niemand glaubt heute mehr daran, dass es die Porsche AG noch einmal so schwer treffen könnte wie zu Beginn der 1990er Jahre. Weil Wiedeking für eine deutlich verbesserte Risikostreuung gesorgt habe, meint das *Handelsblatt*. Aber vermutlich auch, weil der Westfale in Schwaben aufmerksam bleibt. Aber: Bleibt er auch in Schwaben? Es gibt eine Reihe von Beobachtern, die Wiedeking alles zutrauen: Dass er Porsche nicht verlässt, weil es dort genügend Herausforderungen gab und gibt *(brand eins)*. Oder dass er die Führung eines weit größeren Unternehmens übernehmen könnte – VW, BMW oder DaimlerChrysler – kein Schuh scheint für Wiedeking zu groß *(Stern)*. Auch das *manager magazin* sieht Wiedeking möglicherweise irgendwann nach Wolfsburg abwandern.

Möglich, dass dem Porsche-Chef ein anderer Schuh sehr gut passen könnte. Ob er ihn sich anziehen möchte, ist eine andere Frage. Und die ist noch nicht im Klartext beantwortet. Auf jeden Fall aber müsste Wiedeking mit ganz anderen Voraussetzungen arbeiten als bei Porsche, dem Sonderfall unter den Autobauern. Und: Er würde dort als Held antreten, nicht als No-Name, wie damals in Zuffenhausen. Das weckt andere Erwartungen – höhere. Doch liegt es ja in der Natur des Kaizen, selbst die großartigsten Leistungen noch zu überflügeln.

Wie man die Porsche Methode erfolgreich anwendet

Wendelin Wiedeking ist als Unternehmer und als Persönlichkeit einzigartig. Und ein nicht geringer Teil seines Erfolgs wird auf persönlichen Eigenschaften beruhen, dazu gehören Ehrgeiz und Mut, Weitsicht und Hartnäckigkeit, Härte und Konsequenz. Jemand, der diese Eigenschaften nicht mobilisieren kann, würde niemals das erreichen, was Wiedeking bei Porsche geschafft hat. Das bedeutet im Umkehrschluss jedoch, dass auch andere Menschen, die über solche Eigenschaften verfügen und bereit sind, sie einzusetzen, eine ähnlich starke Leistung vollbringen können. Denn die methodische Grundlage von Wiedekings Arbeit ist keine Geheimwissenschaft, sondern für jeden zugänglich. Es sind die klassischen Strategiekonzepte für schlanke Unternehmen. In den Grundzügen sind diese Theorien hier beschrieben worden. Und es gibt eine Reihe auch japanischer Berater, die einen entsprechenden Veränderungsprozess in Unternehmen begleiten und fördern.
Von Wendelin Wiedeking aber lässt sich das Wichtigste lernen: Wie man die Theorie in die Praxis überführt. Jetzt benötigen Sie eigentlich nur eine Unternehmenskrise, die ernst genug ist, um Sie zum Umdenken und Anfangen zu zwingen. Denn der Anfang ist nicht nur das Schwerste, sondern eben auch das Wichtigste.

Beginne jetzt mit der Arbeit

Als Wendelin Wiedeking den Vorstandsvorsitz bei der Porsche AG übernahm, war schon viel über Probleme und auch über

Lösungen geredet worden. Wiedeking hat die Probleme identifiziert, die Konsequenzen fest gelegt und zum richtigen Zeitpunkt mit der Arbeit an der Trendwende begonnen: nämlich sofort.

Bestimme ein konkretes Ziel

Ein Manager muss nicht nur wissen, wo es lang geht – er muss es auch mitteilen. Wendelin Wiedeking formuliert ein Ziel, bestimmt die Schritte und das Tempo. So weiß jeder, was passiert und passieren soll. Und jeder Schritt wird am Ziel ausgerichtet.

Bleibe absolut konsequent

Veränderungsprozesse scheitern oft, weil sie nicht mit der notwendigen Hartnäckigkeit vorangetrieben werden. Wiedeking handelt und kontrolliert sehr konsequent, er zeigt keine Angst vor Sympathieverlusten. Seine Überzeugung überzeugt.

Wage etwas komplett Neues

Japanische Trainer in Zuffenhausen – nicht nur die Fachpresse gab sich entgeistert. Die Mitarbeiter hatten mit Sicherheit das Gefühl, im absolut falschen Film gelandet zu sein. Die Akzeptanz stieg, weil Wendelin Wiedeking von Anfang an das Management einbezog.

Kommuniziere jeden Schritt

Die ausgiebige interne und externe Kommunikation, für die Wiedeking steht, hat massiv zum Erfolg des Turnaround beigetragen. Die Mitarbeiter wussten immer, was sie erwartet – auch wenn es sich nicht um ausschließlich gute Aussichten handelte. Und je klarer über die „unangenehmen" Fakten gesprochen wurde, desto positiver fielen die Berichte in den Medien aus.

Gib jedem möglichst viel Verantwortung

Nicht nur der Vorstandsvorsitzende sollte das Gefühl entwickeln, für alles zuständig zu sein, auch die Mitarbeiter übernehmen mehr Verantwortung für die Arbeitsprozesse und deren Optimierung. Dennoch behält Wiedeking die Kontrolle über das Erreichen der Ziele, nicht mehr aber über den Weg dorthin.

Sei niemals zufrieden

Erfolg ist eine Falle. Wiedeking wartet nicht ab, bis sie zuschnappt. In einem kontinuierlichen Verbesserungsprozess wird Leistung niemals zum Status. Diese Haltung birgt viele Erfolgserlebnisse. Und die sind die beste Motivation zum Weitermachen.

Erfinde dich selbst

Der Vorsitzende gilt als glaubwürdig und geradlinig. Die Marke erhält ein anderes, besseres Image. Und auf verblüffende Weise gelingt es Wiedeking, „Made in Germany" in einer voll funktionsfähigen Porsche-Version herauszubringen. Porsche nimmt die Darstellung von Marke und Persönlichkeit, wo immer es geht, selbst in die Hand. Und man lässt das Unternehmen gewähren.

Achte auf die Details

Es war und ist die Aufgabe von Wendelin Wiedeking, das große Ziel – die Vision – im Blick zu behalten. Wiedeking weiß aber auch, dass jede Kleinigkeit wichtig ist und Wirkung haben kann. Er fühlt sich auch für diese Details zuständig.

Bleibe vorsichtig

Wiedeking hat immer beteuert, weiterhin „höllisch" aufzupassen. Diese Aufmerksamkeit macht sensibel für Veränderungen, die nicht einer Verbesserung dienen. Und schärft die Wahrnehmung für Strömungen außerhalb des Unternehmens, die ein (Re-)Agieren bei Porsche erforderlich machen.

Literatur

Bucholz, Andreas/Wördemann, Wolfram: Der Wachstumscode für Siegermarken. München 2000.
Karmasin, Helene: Produkte als Botschaften. Wien 1998.
Müller, Fabian: Ferdinand Porsche. Berlin 1999.
Simon, Joachim: Die Marke ist die Botschaft. Hamburg 1997.
Tominaga, Minoru: Aufbruch in die Wagnisrepublik. Düsseldorf/München 1998.
Womack, James P./Jones, Daniel T./Roos, Daniel: Die zweite Revolution in der Autoindustrie. Frankfurt a. M./New York 1994.

Index

Auslandsfertigung 106

Bez, Ulrich 22
Biedenkopf, Kurt 93
Binney, George 171
Bohn, Arno 22, 25, 88, 135, 187
Boxster 58, 135
Branitzki, Heinz 27
Bundesbank 101
Business Reengineering 42, 45, 52

Change Management 17, 32, 42, 45

Designlösungen 119
Dollarkrise 16, 57
Duales System 102

Eichel, Hans 92
Elite 137
Emotionalität 161
Engineering Services 160
Fischer, Joschka 140

Ford, Henry 18, 131
Fremdentwicklung 75
Fremdfertigung 75
Fuhrmann, Ernst 27

Haptik 161
Härter, Holger P. 117
Herzog, Roman 156
Hück, Uwe 167
Hunger, Anton 180

Image 127, 145
Informations- und Kommunikationstechnologie 153
International Motor Vehicle Programm (IMVP) 31

Joint Venture 19, 59
Just in time 67

Kaizen 77, 78
Kommuikationsstrategie 187
Kontinuierlicher Verbesserungsprozess (KVP) 77

Kundenorientierung 154

Lean Engineering 29
Lean Management 42, 45, 62
Lean Production 17, 29, 30, 31, 50, 62, 68
Leipzig 93
Lifestyle-Produkte 160

Made in Germany 183, 197
Marke 144, 145, 163
Markencode 137
Markenstrategien 131
Massachusettes Institute of Technology (MIT) 30, 168
Modell 911 20
Module 62

Nixdorf 181
Null-Fehler-Produktion 75, 169

Patentanmeldungen 119
Personalmanagement 122
Piëch, Anton 18
Piëch, Ferdinand 18, 25
Piëch, Luise 24, 25
Porsche Consulting GmbH 160
Porsche Entwicklungszentrum 25
Porsche, Ferdinand Alexander 24

Porsche, Ferry 24, 60, 115, 180
Porsche 356 (Typ 1) 20
Produktionsmanagement 171
Profitcenter-Modell 40
Prozessorientierung 45

Qualitätsmanagement 45

Ratio 161
Reengineering 43
Rüstungstechnik 119

Schröder, Gerhard 92
Schutz, Peter W. 27, 39
Shin-Gijutsu 66
Simon, Hans-Joachim 142
Standort Deutschland 101
Stollmann, Jost 157
Submarke 162
Subventionen 41, 93
Synonym 159

Tominaga, Minoru 156, 170, 172
Total Quality Management 42
Tournaround 40, 57, 179
Tournaround-Konzept 97
Tournaround-Management 45
Toyoda, Eiji 63
Treibhauseffekt 30

Umweltorientierung 139

Valmet 106, 118
Veränderungsprozesse 196
Volkswagen 18, 117

Währungspolitik 101
Welch, Jack 169
Wechselkurssituation 40
Wiedekings Führungsstil 34, 185

Wiedeking, Wendelin 15, 33, 45, 153, 168, 179, 185
Wir-Gefühl 90
Wissensmanagement 45
Wissens- und Informationsgesellschaft 102
World Wildlife Fund (WWF) 141

Der Ton macht die Musik

176 Seiten
Paperback
ISBN 3-7064-0686-1

Die Stimme des Menschen hat Macht: Unsere Wirkung auf andere hängt zu über einem Drittel vom Klang der Stimme ab und nur zu sieben Prozent vom Wortinhalt! Stimme offenbart Persönlichkeit, sie verrät das tatsächliche Befinden, Ängste und Stimmungen. Der Ton lässt hören, ob man nur Lippenbekenntnisse abgibt oder innerlich zu seinem Anliegen steht.

Eine trainierte Stimme ist also die beste Voraussetzung für eine wirkungsvolle Präsentation, überzeugendes Auftreten und freies, ausdrucksvolles Sprechen. Mit präziser Sprechtechnik drückt man sich nicht nur klarer aus, sondern hinterlässt auch einen klangvollen Eindruck.

Dieser Ratgeber bietet ein kurzweiliges Training: Durch einfache, effektive Übungen im Buch und auf der beigefügten CD lernt der Leser, die Macht der Stimme zu nutzen.

*Nach ihrer Sprech- und Schauspielausbildung arbeitete **Ingrid Amon** als Sprecherin, Moderatorin und Hörfunkjournalistin u. a. beim ORF. Seit 1980 ist sie freie Trainerin für Sprechtechnik, Rhetorik und Präsentation. Sie trainiert Fernseh-Moderatoren und arbeitet als Beraterin für integrierte Entwicklung von Stimme, Körpersprache und Outfit.*

http://www.ueberreuter.at
http://www.ueberreuter.de

Initialzündungen

288 Seiten
Hardcover
ISBN 3-7064-0700-0

Stuart Crainers Buch ist eine eigenwillige, manchmal respektlose, stets unterhaltsame Sammlung von Managemententscheidungen aus aller Herren Länder, die den Lauf der Welt verändert haben. Einige dieser Entscheidungen sind dem Leser wahrscheinlich bekannt, andere werden ihn überraschen. Crainers Auswahl dürfte nicht unumstritten sein, doch in jedem Fall regt sie zum Nachdenken an.

In diesem Buch finden sich Antworten auf folgende Fragen: Was hat Benjamin Franklin mit modernen „Headhuntern" gemein? Welches war die klügste Entscheidung, die Elvis Presley in seiner Karriere fällte? Was hat ein Sklave namens Shem (der 1000 Jahre vor dem Beginn unserer Zeitrechnung lebte) mit der modernen Werbung zu tun? Wie in aller Welt konnte das Fiasko des „neuen Coke" im Jahr 1985 Aufnahme in die Liste der 75 besten Managemententscheidungen aller Zeiten finden? Und last but not least haben in diesem Buch auch die 21 schlechtesten Managemententscheidungen ihren Platz gefunden, denn Erfolg und Misserfolg liegen manchmal sehr nahe beieinander. Und so bilden die Flops einen unterhaltsamen Gegensatz zu den Triumphen und bestätigen einmal mehr die Erkenntnis „Irren ist menschlich".

Stuart Crainer ist ein anerkannter Fachmann für Unternehmens- und Managementfragen, der regelmäßig Beiträge für die „Financial Times", die (Londoner) „Times", das Magazin von British Airlines, „Across the Board", sowie verschiedene andere Publikationen verfasst. Er ist Autor von zahlreichen Wirtschaftsbestsellern wie „Die ultimative Management Bibliothek". Seine Bücher sind bereits in 17 Sprachen erschienen. Er lebt in England in der Nähe von Oxford.

http://www.ueberreuter.at
http://www.ueberreuter.de

Zeichnen nach Zahlen

ca. 250 Seiten
Hardcover
ISBN 3-7064-0703-5

Der Börsengang der Deutschen Telekom 1996 hat einen Boom ausgelöst, der sich immer weiter verstärkt. Dieser Boom wird – abgesehen von der steigenden Nachfrage nach Aktien – vor allem von zwei Faktoren getragen: von der beispiellosen Fusionswelle, die über Europa und Amerika rollt, und von dem ebenfalls historisch einzigartigen Run junger Unternehmen an die Börse. Große Fusionen bringen die Kurse in Bewegung und spektakuläre Neuemissionen beflügeln die Phantasie der Geldanleger. Spätestens mit dem Börsengang der Siemens-Tochter Infineon ist das Zeichnen von Aktien zum Volkssport geworden. Dabei verlassen sich immer weniger Anleger auf Fonds, sondern wollen selbst unmittelbar und gezielt agieren. Aber nicht jede Fusion gelingt und nicht jede Neuemission wird ein Erfolg! Dieses Buch hilft Anlegern, die entscheidenden Informationsquellen zu finden, die einzuschätzen helfen, in welchen Branchen und bei welchen Firmen Fusionen anstehen, wann der richtige Zeitpunkt für den Ein- oder Ausstieg ist und welche Neuemissionen viel versprechend sind.

Robert Islinger, Diplom-Volkswirt, war Wirtschaftsredakteur bei einer Tageszeitung. Seit 1990 ist er freier Journalist und beschäftigt sich vorwiegend mit Verbraucherthemen, Geldanlage, Wirtschafts-, Währungs-, Finanz- und Entwicklungspolitik. Er ist Autor der Titel „Ratgeber Euro", „Einkaufen ohne Geld", „Das 1 x 1 der Geldanlage" und lebt in Passau.

 http://www.ueberreuter.at
http://www.ueberreuter.de